Condenado à morte

Ricardo Gallo

Condenado à morte

A história do primeiro brasileiro
a receber a pena capital e
ser executado no exterior

TRÊS
ESTRELAS

Copyright © 2014 Três Estrelas – selo editorial da Empresa Folha da Manhã S.A.

Todos os direitos reservados. Nenhuma parte desta obra pode ser reproduzida, arquivada ou transmitida de nenhuma forma ou por nenhum meio sem a permissão expressa e por escrito da Empresa Folha da Manhã S.A., detentora do selo editorial Três Estrelas.

EDITOR Alcino Leite Neto
EDITOR-ASSISTENTE Bruno Zeni
COORDENAÇÃO DE PRODUÇÃO GRÁFICA Mariana Metidieri
PRODUÇÃO GRÁFICA Iris Polachini
CAPA Mariana Newlands
MAPA Editoriadearte.com
PROJETO GRÁFICO DO MIOLO E EDITORAÇÃO ELETRÔNICA Mayumi Okuyama
PREPARAÇÃO Marcia Menin
REVISÃO Isabel Jorge Cury e Cacilda Guerra

Dados Internacionais de Catalogação na Publicação (CIP)
(Câmara Brasileira do Livro, SP, Brasil)

Gallo, Ricardo
   Condenado à morte : A história do primeiro brasileiro a receber a pena capital e ser executado no exterior / Ricardo Gallo. – São Paulo : Três Estrelas, 2015.

   ISBN 978-85-68493-05-2

   1. Indonésia 2. Jornalistas – Brasil – Entrevistas 3. Moreira, Marco Archer Cardoso 4. Pena de morte 5. Reportagens investigativas 6. Repórteres e reportagens 7. Tráfico de drogas I. Título.

14-12157   CDD-070.43

Índice para catálogo sistemático:
1. Jornalismo investigativo   070.43

Este livro segue as regras do Acordo Ortográfico da Língua Portuguesa (1990), em vigor desde 1º de janeiro de 2009.

TRÊS
ESTRELAS

Al. Barão de Limeira, 401, 6º andar
CEP 01202-900, São Paulo, SP
Tel.: (11) 3224-2186/2187/2197
editora3estrelas@editora3estrelas.com.br

Sumário

8 **Introdução**
Uma história real e 66 mil quilômetros

12 A última viagem

24 O fugitivo

32 O preço das sentenças

54 Quem é seu chefe?

64 Diante do Doutor Morte

72 Como tudo começou

88 A ilha do medo

106 Um longo caminho

124 Cinco cruzes de madeira

136 Notas

142 Agradecimentos

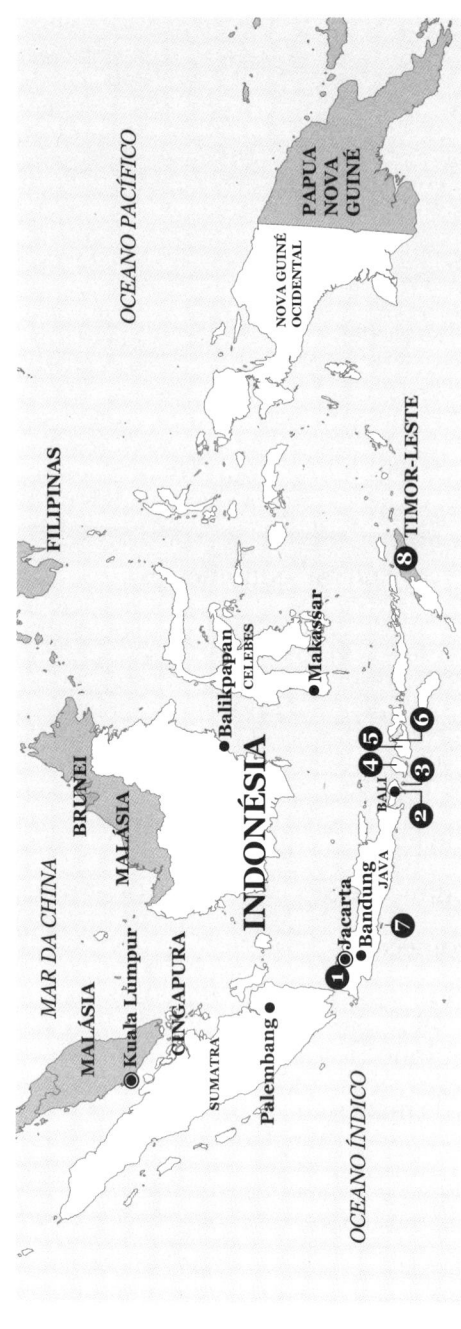

1. Aeroporto Soekarno-Hatta, em Tangerang, Grande Jacarta, onde Marco Archer desembarcou, vindo de Amsterdã, em 2/8/2003.

2. Bali, ilha à qual ele chegou de ônibus e onde avisou a um dos sócios que estava sendo caçado pela polícia.

3. Ilha de Nusa Lembongan, para onde escapou ao notar que a polícia já o procurava em Bali.

4. Lombok, onde o brasileiro ficou quatro dias em um vilarejo de pescadores, preparando sua fuga para Timor Leste.

5. Sumbawa, um point de surfe, onde Marco Archer se escondeu.

6. Ilha de Moyo, onde, já sem dinheiro, chegou em busca de abrigo e foi capturado.

7. Nusakambangan, ilha onde o brasileiro ficou preso até ser executado, em janeiro de 2015.

8. Timor Leste, para onde ele planejava fugir, pouco antes de ser preso.

Para minha mulher, Fabiana, minha filha, Helena, meus pais, Sonia e Gilmar, e minha querida avó Mocinha

Introdução

Uma história real e 66 mil quilômetros

Este livro é o resultado de um trabalho jornalístico que começou em julho de 2009, quando a *Folha de S.Paulo* me enviou a um fórum econômico e de turismo na Indonésia. Foi nessa viagem que me inteirei da história de Marco Archer Cardoso Moreira, um esportista carioca que enveredara pelo mundo do crime e fora condenado à morte pela Justiça do país asiático.

A despeito de insistentes tentativas, não consegui entrevistá-lo na ocasião. Ouvi de representantes do governo indonésio que seria muito difícil isso acontecer, e inicialmente me conformei com a explicação.

Porém, já de volta, graças à ajuda de Carolina Archer Pinto, mãe de Marco, abriu-se para mim a possibilidade de falar com o brasileiro. A primeira conversa ocorreu em janeiro de 2010, por telefone, e resultou em uma entrevista para o caderno "Cotidiano", da *Folha de S.Paulo*,[1] na qual Marco contou sobre sua vida na prisão e lamentou ter sido esquecido por todos no corredor da morte.

A entrevista tornou evidente que sua história conturbada e repleta de aspectos intrincados não poderia se resumir às reportagens do jornal. Nos contatos subsequentes a essa primeira conversa, o próprio Marco me sugeriu transformar sua desventura em livro.

Entre a ideia e o início do projeto, apenas sete meses se passaram. Em agosto daquele mesmo ano, embarquei para a Indonésia novamente, a fim de entrevistá-lo em uma prisão de "supersegurança máxima" (assim mesmo, no superlativo) na qual nenhum jornalista

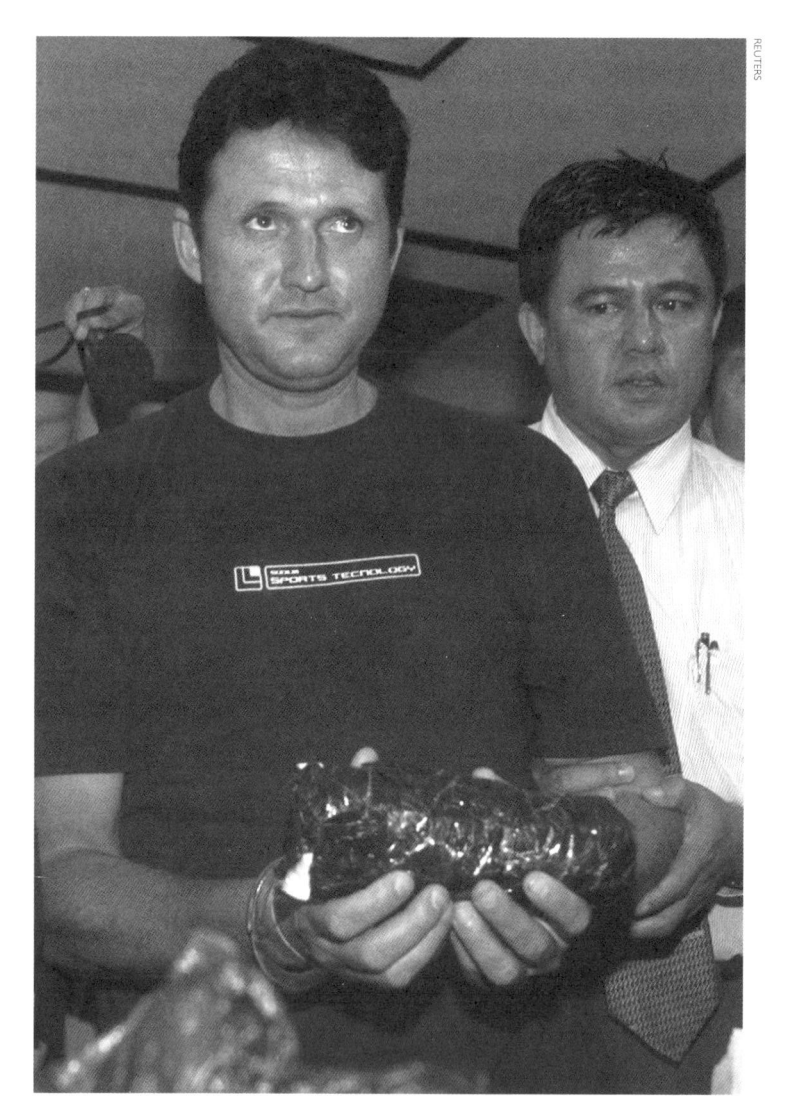

Marco Archer segura pacote de cocaína no escritório da Agência Nacional de Narcóticos da Indonésia, em Jacarta, em 21 de agosto de 2003.

brasileiro jamais havia pisado. Foram quatro sessões de conversas, das dez da manhã às duas da tarde, o horário reservado para visitas, de segunda a quinta-feira. Voltaria a conversar várias vezes com Marco por telefone nos anos seguintes.

Percorri mais de 66 mil quilômetros para contar a história real que o leitor encontrará nas páginas seguintes: além da Indonésia, viajei a Cingapura, Amsterdã, Manaus e Rio de Janeiro. Também entrevistei dezenas de pessoas, entre amigos, conhecidos e familiares do brasileiro, diplomatas e integrantes de organizações não governamentais. Neste livro, algumas dessas pessoas são identificadas com nomes fictícios.

Documentos pessoais, bases de dados públicas, sites governamentais, mensagens trocadas entre o Itamaraty e a Embaixada do Brasil em Jacarta, capital da Indonésia, além de jornais e revistas, foram usados por mim como fontes de pesquisa.

Meu objetivo era publicar este livro enquanto Marco Archer ainda vivia. Intimamente, eu acreditava que minha reportagem poderia contribuir para evitar que fosse cumprida a pena capital. Marco deveria pagar pelos crimes que cometera, mas a condenação à morte é uma forma de punição arcaica e ineficaz, como comprovam estudos e estatísticas.

Quis o destino, porém, que, após mais de dez anos de indecisão do governo indonésio e poucos dias antes da finalização do livro, fosse anunciada a data da execução. E assim, em janeiro de 2015, retornei à Ásia para cobrir para a *Folha de S.Paulo* o brutal fuzilamento e escrever o epílogo desta história sobre o primeiro brasileiro nato a ser executado em um país estrangeiro.

A última viagem

No final da tarde de 2 de agosto de 2003, um sábado, o policiamento reforçado em ruas, shoppings e hotéis deixa claro que as coisas não andam bem em Jacarta, capital da Indonésia, situada em Java, a principal ilha das cerca de 17.500 que formam o país. A cidade está sob a ameaça de um ataque terrorista da Jemaah Islamiyah (Comunidade Islâmica), organização apontada pelos governos indonésio e norte-americano como braço da Al Qaeda no Sudeste Asiático. O alerta antiterrorista foi deflagrado em meados de julho, quando um homem detido pela polícia confessou ter levado para Jacarta dois carros repletos de material para fabricação de bombas. O governo dava por certo que a cidade seria atacada; só não se sabia onde nem quando.

O temor de atentado se estende ao aeroporto internacional Soekarno-Hatta, uma construção de telhados vermelhos e pavilhões amplos inspirada em casas rurais indonésias. A 20 quilômetros do centro de Jacarta, ele é a principal porta de entrada de estrangeiros no país. Como foi alvo, há apenas três meses, de um ataque a bomba que feriu onze pessoas, o local está fortemente vigiado. Em busca de explosivos, os policiais da alfândega vistoriam com mais rigor as bagagens, que

Memorial em Bali, na Indonésia, em homenagem às vítimas de atentado terrorista em 12 de outubro de 2002, quando dois ataques a bomba em danceterias da cidade deixaram 202 mortos.

são submetidas ao aparelho de raio X. Adotam um procedimento incomum em países ocidentais: as malas são inspecionadas também no desembarque dos passageiros, não só no embarque.

Além de bombas, a polícia procura por drogas. A Indonésia, em especial Bali, a ilha mais turística do arquipélago, é parte da rota internacional de tráfico para a África e para a Europa. A fim de tentar combater o problema, em 1997 o país implantou uma das mais severas leis antidrogas do mundo: a pena de morte para traficantes. A lei está estampada na alfândega do aeroporto, em imensos letreiros com os dizeres em vermelho: *"Warning! Death penalty for drug traffickers"* [Atenção!

Pena de morte para traficantes de drogas]. Também aparece no formulário de imigração que os estrangeiros a caminho da Indonésia recebem nos aviões. Em suas páginas na internet, governos de todo o mundo alertam para o risco de usar ou traficar drogas nesse país do Sudeste Asiático.

Visitante frequente da Indonésia, o instrutor de voo livre Marco Archer Cardoso Moreira, o Curumim, sabe bem do rigor com que o país trata os traficantes. Desconhece, porém, as medidas de segurança tomadas depois da ameaça terrorista, com o aumento do policiamento. Com centenas de outros passageiros, ele desembarca em Jacarta no voo 0837 da KLM, que veio de Amsterdã e aterrissou no aeroporto às 17h15 daquele sábado 2 de agosto.

Vestindo jeans, camisa e jaqueta de couro marrom, Marco chega à capital da Indonésia com sete volumes de bagagem, entre as quais sua asa-delta desmontada, um trambolho de 4 metros de comprimento embalado em um saco azul. Escondido dentro de um dos tubos do equipamento está o motivo de sua viagem: 29 sacos plásticos pretos com 15 quilos de cocaína peruana pura, que renderiam a ele e a dois sócios a quantia de 2,7 milhões de dólares. A prática de voo livre é apenas uma desculpa para entrar no país.

Tal como fez tantas outras vezes ao desembarcar ali, o brasileiro, então com 42 anos, ainda na área das esteiras, deixa as malas com um dos carregadores que oferecem seu trabalho aos turistas e caminha rumo à saída para a inspeção da bagagem.

Ele pretende dormir em um hotel perto do aeroporto e embarcar na manhã seguinte em um voo para Bali, a cerca de 1.000 quilômetros, ilha de praias de areia branca e ondas imensas que atrai todo ano milhares de surfistas e casais em lua de mel.

A fiscalização da alfândega, que Marco julga relapsa, é seu último obstáculo antes de deixar o aeroporto. Ele está bem próximo de ultrapassá-lo quando ouve o fiscal chamá-lo. Finge não ter ouvido e segue em frente, mas o carregador o intercepta e dá o aviso: o fiscal mandou colocar a asa-delta no raio X. Curumim obedece. A asa está desmontada, o que reduz seu tamanho à metade. Os policiais olham atentamente os tubos do equipamento. No raio X, um desses tubos aparece mais escuro que os demais.

– *Apa ini?* [O que é isso?] – quer saber o oficial.

Com sua fluência em bahasa indonésio, adquirida em sucessivas viagens ao arquipélago, o brasileiro explica que o tubo escuro é de fibra de carbono, enquanto os outros são de alumínio, daí a diferença na coloração.

O policial permanece em silêncio por alguns instantes, mas fica intrigado com o nervosismo de Marco. Faz sinal para um colega. Logo vem outro, e a seguir mais outro. Agora são quatro policiais a inspecionar a asa. Um deles saca um canivete suíço do bolso e bate no tubo escuro em dois lugares. De um ponto, o som que se ouve é de coisa oca; de outro, sai um som diferente do primeiro. Os policiais desconfiam de que há algo na asa.

– *Boss, dimana paspor?* [Chefe, onde está seu passaporte?] – pergunta um deles.

Os tubos serão abertos para que verifiquem o que tem ali dentro.

– *Tunggu sebentar* [Espere um pouco] – responde o brasileiro. Começa então o "sofrimento" de Marco, como ele próprio definirá mais tarde. O brasileiro precisa ganhar tempo. Olha para os policiais e faz sinal de que o passaporte está em uma das malas e que vai buscá-lo. É mentira: está em seu bolso.

Marco sabe exatamente o que o espera, caso seja preso: traficantes são punidos com a morte por fuzilamento, em campo aberto e isolado, a que poucos têm acesso.

Enquanto caminha, o brasileiro observa três dos policiais saírem em busca de ferramentas para abrir os tubos. Apenas um deles fica para vigiá-lo e, por um segundo, o homem lhe dá as costas. Chegou a hora. Ele olha para os lados e começa a andar em rápidas passadas. Sem que o policial perceba, toma a decisão mais ousada e improvável: fugir.

A fuga será penosa, mas nem passa por sua cabeça desistir. Ele tem de fazer um grande esforço para andar rápido, pois não consegue correr. Em 1997, sofreu um acidente de parapente que quase lhe custou a vida: minutos depois de decolar, despencou de um penhasco de 30 metros de altura em Bali e, na queda, quebrou as pernas, a bacia, rompeu o intestino e, pior, ficou manco para sempre.

Marco está no terminal 2 do aeroporto, que centraliza o embarque e o desembarque de passageiros dos voos internacionais e onde atua a Garuda Indonesia, estatal que é a maior companhia aérea do país. A chegada simultânea de dois voos da Garuda deixa o pavilhão apinhado de gente, e o brasileiro aproveita o tumulto para se misturar à multidão. "Misturar" talvez não seja a melhor expressão. Branco, olhos castanhos, cabelos pretos com fios grisalhos, 1,80 metro de altura e 82 quilos, Marco não se parece nem um pouco com um cidadão indonésio médio, que tem a pele moreno-escura, quase negra, e os olhos puxados característicos dos asiáticos.

Fugir do país é o primeiro plano que lhe ocorre. Ele decide voltar a Amsterdã no mesmo avião que o trouxe há pouco à Indonésia. Está no térreo do aeroporto e precisa alcançar o primeiro andar para tanto. Em meio a dezenas de guardas, que ainda não sabem que aquele homem é um fugitivo, ele passa incólume.

No balcão da companhia aérea holandesa KLM, Marco se apresenta como um passageiro apressado que quer comprar uma passagem para a Holanda com as milhas acumuladas durante anos no trecho Rio-Amsterdã-Jacarta. A atendente explica que não há tempo para emitir o bilhete.

O brasileiro só tem uma saída: terá de fugir por terra.

Atravessando o saguão, ele alcança a rua, por onde passam sem parar os *ojeks*, mototaxistas conhecidos pela velocidade e imprudência com que rasgam as vias de Jacarta. Faz sinal para o primeiro que vê e pede que ele vá até outro terminal de passageiros. Ali, troca o *ojek* por um táxi e segue rumo ao centro da cidade, cujo trânsito está entre os piores da Ásia – seus habituais congestionamentos fazem os de São Paulo parecer reles engarrafamentos de uma cidade do interior.

Marco revira o bolso e confere a quantia de dinheiro que tem para ajudá-lo na fuga: 1 milhão de rúpias (à época, quase 120 dólares)[1], o que lhe permitirá, no máximo, passar dois dias em um hotel barato. O cenário que ele tem à frente é terrível: não bastasse ter pouco dinheiro, está em um lugar que desconhece completamente. Na Indonésia, sua base sempre foi Bali. Apesar das várias viagens ao país, de Jacarta ele só conhecia o aeroporto.

Enquanto Marco segue em sua escapada, os oficiais finalmente conseguem abrir os tubos da asa – e acham a droga. O alerta policial se espalha pelo aeroporto de Jacarta; as portas do local são fechadas, os banheiros, vasculhados, e os portões de embarque ficam sob vigilância redobrada. Ao verem o pó branco escondido na asa-delta, os policiais pensam se tratar de heroína, e não de cocaína, como revelará mais tarde um teste químico. A apreensão é, até hoje, um recorde no país: 13,4 quilos – 1,6 quilo a menos do que o brasileiro pensava estar carregando. Na fuga, ele deixou uma série de rastros: as sete malas que levava, uma agenda e um book preparado para mostrar suas façanhas com asa-delta a quem perguntasse, inclusive oficiais da alfândega. Com tantas informações, a polícia traça rapidamente a ficha do fugitivo.

O táxi com o brasileiro se aproxima do Hotel Sentral, no centro empresarial de Jacarta. A frente do prédio está repleta de agentes de segurança, mas ninguém ali procura por traficantes; estão todos preocupados com a temida ação terrorista.

Marco desiste de ficar no hotel. Pede ao taxista que siga para um shopping center, que também está superpoliciado. Ali, compra um boné Nike e uma camiseta para usar como disfarces. Boné enterrado na cabeça, caminha na direção de um hotel duas estrelas, barato e discreto. Na recepção, ao lhe pedirem o passaporte, inventa que o documento está com sua namorada e que ela logo vai chegar ao hotel. Pergunta se não pode esperá-la no quarto.

– *No problem, boss* – responde o recepcionista.

No quarto, Marco acende um cigarro de maconha que trouxe escondido de Amsterdã e toma uma cerveja Bintang gelada para aplacar a sensação de abafamento causada pelo calor característico da Indonésia, onde os termômetros superam os trinta graus todos os meses do ano. A adrenalina começa, enfim, a baixar, e ele lembra que precisa avisar aos dois sócios na empreitada de tráfico de cocaína que o esquema, daquela vez, tinha naufragado.

De um telefone público perto do hotel, liga para Carlos (nome fictício), sócio italiano e patrocinador dos 8 mil dólares com que Marco comprou a cocaína no Peru. Conta o episódio do aeroporto, mas o comparsa não acredita; acha que está sendo vítima de um golpe. Marco sabe o significado de traição no tráfico de drogas. Agora, são duas as suas preocupações: fugir da polícia e esclarecer ao sócio o que aconteceu. Nos dois casos, está cercado pela morte. Os almejados 2,7 milhões de dólares nunca existirão; o que lhe resta são as poucas rúpias que carrega no bolso.

Carlos está em Bali, e é para lá que Marco decide ir. Volta para o hotel e tenta dormir um pouco, em vão. A madrugada avança e, insone, ele planeja a nova fuga.

Às seis da manhã, troca de roupa, coloca o boné e vai tomar o café em outro hotel, um suntuoso cinco estrelas em frente ao lugar onde pernoitou. A refeição, farta, tem seu preço: 100 mil rúpias. Com pouco mais de 600 mil rúpias, Marco não pode comprar uma passagem de avião para Bali. E, ainda que pudesse, não seria aconselhável: os voos saem do mesmo aeroporto onde foi flagrado com a droga. Pela manhã, sua foto já é exibida em emissoras de tv do país inteiro – e o governo cobra explicações dos policiais do aeroporto.

Na recepção do hotel cinco estrelas, o brasileiro solicita ajuda para ir a Bali de ônibus. A recepcionista estranha o pedido, pois a maioria dos turistas prefere ir de avião, já que a viagem não custa tanto (115 dólares) e é mais rápida (1 hora e 45 minutos). De ônibus, embora a passagem custe menos de 40 dólares, a viagem pode levar mais de 30 horas.

– Quero ver a paisagem – justifica Marco.

Na rodoviária, compra a passagem e se dirige à plataforma de embarque. O motorista pede seu passaporte, praxe nas viagens de estrangeiros. O documento está no bolso, mas o brasileiro, para não se expor, suborna o motorista com 50 mil rúpias (cerca de 6 dólares). Embarque liberado.

A viagem de ônibus para Bali é aterrorizante, não apenas por causa do medo de ser pego, mas também da imprudência dos motoristas e do elevado risco de acidentes. Países como Estados Unidos e Canadá até desaconselham que turistas trafeguem pelas estradas da Indonésia. As rodovias têm, na maior parte dos trechos, mão simples. Em muitas delas, contudo, dirigir em alta velocidade é comum, assim como conduzir pela contramão. Muito acelerado, o ônibus usa a buzina e o farol alto para ultrapassar os carros. Marco se assusta com a negligência do motorista na estrada que serpenteia em meio aos campos de arroz. "O motorista do ônibus era um assassino,

Restaurante La Lucciola, em Bali, onde Marco Archer, após fugir de Jacarta, se encontrou com seus parceiros no negócio do tráfico de cocaína.

um criminoso. Esqueci até do meu problema com a fiscalização, nem lembrava mais de aeroporto, fuga...", escreverá ele mais tarde em uma carta endereçada a amigos.

Um dia e meio de viagem depois, o ônibus entra em Denpassar, capital da ilha e província de Bali. O brasileiro suspeita, com razão, que no terminal rodoviário, assim como no aeroporto local, policiais devem estar a sua espreita. Ele então oferece mais 50 mil rúpias ao motorista para deixá-lo descer do ônibus 2 quilômetros antes da rodoviária. Mais uma vez, consegue escapar.

Marco pega um táxi e vai ao encontro de seus sócios no negócio da droga. Além de ter de explicar o que aconteceu, precisa de dinheiro para continuar a fuga. Desce no La Lucciola, um restaurante na praia de Seminyak, a 8 quilômetros do centro da ilha. Trata-se de um típico local balinês, com sua construção de bambu e palha e com seus garçons de *songkok* – o chapéu em forma de cone – e sarongue – a veste em formato de saia. Do restaurante, liga para Carlos. Em seguida, pede uma taça de vinho tinto e espera.

O italiano chega ao La Lucciola acompanhado de dois brasileiros: Pedro (nome fictício), o outro sócio no negócio, e George (nome fictício), traficante que não participa da empreitada. O fugitivo conta a eles tudo o que ocorreu: o flagrante no aeroporto, a escapada, a noite maldormida em Jacarta e a viagem perigosa de ônibus. Carlos, porém, continua incrédulo. Ele acha que tudo não passa de um golpe de Marco para esconder a droga e revendê-la, sem dividir o dinheiro. O fugitivo, então, tira do bolso um jornal amassado. "*Smuggler flees, but leaves drugs behind*" [Traficante foge, mas deixa drogas para trás], diz uma das chamadas da primeira página do diário *The Jakarta Post*, o principal jornal em língua inglesa da Indonésia, na edição daquela segunda-feira 4 de agosto de 2003. Na reportagem, aparece o nome, ainda que incompleto, do procurado: Marco Archer Cardoso.

Carlos e George deixam o La Lucciola e levam consigo o passaporte de Marco, a pedido do próprio brasileiro, que teme ser parado em alguma blitz e ter sua identidade descoberta. Marco Archer Cardoso Moreira deixa de existir. Seu novo nome, inventado ali mesmo e inspirado em uma conhecida marca de cerveja, é John Miller, norte-americano da Califórnia, de origem mexicana.

O fugitivo

O ataque que a polícia da Indonésia tanto temia e a levou a ocupar Jacarta maciçamente ocorreu três dias depois da chegada de Marco ao país. Em 5 de agosto, um carro-bomba explodiu o hotel Marriott, no sul da capital, matando 12 pessoas e ferindo 147. O governo atribuiu a ação à Jemaah Islamiyah, a mesma organização que já havia sido apontada como responsável pelo maior atentado da história do país: a explosão em 2002, também por um carro-bomba, de uma casa noturna em Bali. Foram mortas 202 pessoas, na maioria jovens estrangeiros. Os dois ataques tinham em comum o objetivo de matar turistas ocidentais na Indonésia – um modo de chamar a atenção do planeta inteiro.

Formada nos anos 1980, a Jemaah Islamiyah defende a adoção de um Estado islâmico "puro" no Sudeste Asiático, em especial na Indonésia, a maior nação muçulmana do mundo – 86% de sua população é seguidora da religião. Por causa das ações violentas, a organização passou a ser classificada como terrorista pelo governo dos Estados Unidos; nos últimos anos, no entanto, se enfraqueceu após a prisão de líderes, entre eles Umar Patek, condenado a vinte anos de reclusão em 2012 justamente por comandar o ataque à danceteria de Bali.

O atentado terrorista desvia o brasileiro da atenção da polícia. O sócio Pedro o esconde em um pequeno hotel de Sanur, praia na costa sul de Bali. Na TV, Marco vê fotos suas serem exibidas com o epíteto "procurado". Fugitivo da polícia, traficante de drogas, ameaçado com a possibilidade da pena de morte, ele, porém, resolve deixar o esconderijo para tomar outro farto café da manhã, dessa vez no Inna Grand Bali Beach Hotel, um resort luxuoso ao lado de onde se instalou.

Disfarçado com o boné e o novo nome, toma um café de "Renato Villar", como ele descreveria meses depois, em alusão ao personagem milionário de Tarcísio Meira na novela *Roda de fogo*, sucesso nos anos 1980. Eis a vida que Marco gostaria de ter: igual à das novelas. Quando a garçonete se distrai, ele escapa do resort sem pagar a conta.

– Curuma, fodeu. – É assim que Pedro o aborda no lobby do Grand Bali com o *The Jakarta Post* de 6 de agosto. "Policiais culpam equipamento por falha na prisão de brasileiro." Era uma referência ao raio X, que teria sido incapaz de detectar a droga que Marco levava. A polícia continua atrás dele. A reportagem chama a atenção para aquilo que o brasileiro preferia não saber: uma vez preso, estará sujeito à pena de morte. Ele precisa planejar, quanto antes, sua fuga do país.

Compra um celular pré-pago para fazer contato com os amigos. Liga para brasileiros que vivem em Bali, mas ninguém quer saber dele por perto. A Pedro, o único que continua a seu lado, pede dinheiro emprestado e informações sobre as buscas da polícia. O amigo consegue 3 mil dólares. Juntos, com pranchas, comida, medicamentos e bebida, os dois embarcam para

Nusa Lembongan, ilha que fica a uma hora e meia de barco de Bali. Vão acompanhados de Ronny, um guia balinês, a quem Marco se identifica como John Miller. Ao chegarem à ilha, alugam um bangalô.

Com apenas 8 quilômetros quadrados, Nusa Lembongan é um dos paraísos do surfe da Indonésia. Pedro aproveita para pegar onda, enquanto Marco, sempre disfarçado, tira foto das praias. Desde o acidente de parapente, ele nunca mais surfou. Quando alguém lhes pergunta o que fazem na Indonésia, respondem que são surfistas. Enquanto esperam novas notícias de Bali, regalam-se com a alimentação farta de lagostas, acompanhada de muita cerveja e vinho branco. À noite, aproveitam para conhecer bares e casas noturnas e para cheirar cocaína, providenciada com a ajuda de contatos locais.

Quatro dias se passam, e Marco/John Miller elabora um novo plano de fuga. Decide aproveitar-se da geografia singular do país – um emaranhado de ilhas entre os oceanos Índico e Pacífico – para escapar da polícia. Seu objetivo é, saltando de ilha em ilha, rumo ao sul, alcançar até o Timor Leste, nação que até 2002 era colônia da Indonésia e, mais importante, onde o português é língua corrente. Ocorre que o Timor Leste fica a cerca de 1.000 quilômetros de distância de onde Marco está. Para chegar até lá, precisará atravessar as ilhas de Lombok, Sumbawa e Sumba, em uma escapada que deverá durar algumas semanas.

Ele chega a Lombok, outro destino habitual de surfistas. Refugia-se em Desert Point, um remoto vilarejo de pescadores no sudoeste da ilha, enquanto Pedro vai a Bali, a fim de conseguir mais dinheiro.

– Marco, a polícia quer te matar – diz um amigo brasileiro por celular.

Os guardas querem se vingar da vergonha que ele os fez passar no aeroporto. O mesmo amigo lhe dá outra má notícia: George, um dos brasileiros presentes à reunião no La Lucciola, queimou o passaporte de Marco para que não houvesse rastros de ligação entre os dois.

Em 14 de agosto, Marco segue para Sumbawa, onde se hospeda em um camping de surfistas em Scar Reef, um point de surfe conhecido pelos tubos, manobra em que o surfista corta a onda por dentro. Amigos lhe contam que a polícia já passou por ali e também por Desert Point e descobriu, graças às fotografias que o brasileiro deixara no aeroporto e aos interrogatórios com pescadores e donos de hotel, que John Miller e Marco Archer são a mesma pessoa. Quando Pedro retorna de Bali com o dinheiro para Marco – 100 dólares –, eles decidem se separar: seria arriscado demais para o sócio permanecer ao lado do fugitivo.

Amigos orientam Marco a se esconder por alguns dias, antes de continuar a viagem, para despistar os policiais. Um italiano, conhecido seu, o convence a ir para a ilha de Moyo, a algumas horas de barco de Sumbawa, lugar de pequenas pousadas e suficientemente inóspito para se esconder e aguardar até que a caçada dos policiais seja interrompida.

No início da tarde de 15 de agosto, Marco embarca em uma velha traineira, sem luz de bordo e comandada por um "indonésio fodido", em suas palavras. A viagem lhe custa 300 mil rúpias (aproximadamente 35 dólares). No bolso, restam pouco mais de 500 mil rúpias (quase 60 dólares). Faz catorze dias que o brasileiro está em fuga. Suas duas únicas mudas de roupa estão imundas. Ele não tem a menor perspectiva de obter mais dinheiro.

A viagem dura cinco horas. Já está escuro quando o barco atraca na marina da ilha. Marco espera encontrar em Moyo alguma hospedaria simples, mas é recepcionado por seguranças uniformizados do único estabelecimento do lugar, o Amanwana, um superluxuoso resort cinco estrelas com vinte bangalôs de frente para o Índico ou encravados na floresta, além de um aeroporto particular. Ali, a diária mais barata custava à época 700 dólares. O italiano tinha dado uma dica furada.

Em inglês, Marco se apresenta ao gerente do resort como um turista norte-americano que se perdeu da mulher. Sem cobrar nada, mas um tanto desconfiado, o gerente propõe que ele passe a noite na cabana dos funcionários, para, na manhã seguinte, retornar a Sumbawa, e lhe oferece, de cortesia, uma pequena refeição de *nasi goreng*, composta de arroz frito com curry, camarão e frango, acompanhada de cerveja. Marco acerta sua partida para as seis da manhã em um pequeno barco.

Quando o sol começa a clarear a ilha de Moyo naquele sábado, 16 de agosto, Marco deixa o dormitório dos funcionários do Amanwana e vai em direção à marina do resort. Ao longe, avista dois barcos aproximando-se, com homens de uniforme preto. É a polícia, fortemente armada. Já não há como fugir.

Em um dos barcos, estão o dono da embarcação que o trouxe a Moyo e Ronny, o guia balinês, ambos algemados.

Os policiais desembarcam empunhando metralhadoras e cercam o brasileiro, chamando-o pelo nome de batismo: "Marcô", na pronúncia local. Aproximam-se dele, conferem seu rosto grande e retangular com as fotografias de que dispõem e reparam no andar manco. A fim de obterem uma prova definitiva da identidade do fugitivo, pedem que ele desabotoe a camisa e mostre as cicatrizes que traz no peito. Só a cor do cabelo mudou: o preto deu lugar a um loiro tingido, disfarce que ele tinha arrumado dias antes.

São os últimos momentos de liberdade do brasileiro.

— Pegamos você — anuncia um dos policiais.

Marco se rende, mas percebe que os policiais não querem apenas prendê-lo. Em inglês, um oficial explica que, por ele ter desonrado a autoridade do país ao fugir do aeroporto, tem ordens para dar um tiro em cada um de seus pés. A mesma prática da polícia local de atirar nos pés a curta distância foi denunciada, em depoimentos de dois detentos citados em um relatório de 2007 do Conselho de Direitos Humanos da Organização das Nações Unidas (ONU), que foi entregue ao governo da Indonésia.[1]

Marco implora que não atirem, fala do acidente que teve, mostra o corpo cheio de cicatrizes, diz ser doente e, por fim, abraça o oficial. A ação da polícia na praia e os apelos do brasileiro despertam os hóspedes do hotel e chamam a atenção de funcionários, que assistem a tudo. Com tantas testemunhas, os policiais desistem da punição. Um deles amarra o fugitivo pelos braços e pernas e o coloca no barco. Feito o trabalho, eles celebram a captura.

É o fim de duas semanas de perseguição. Marco está preso em um país no qual governo e população veem os traficantes de drogas como uma das piores ameaças às futuras gerações.

O preço
das sentenças

A fim de combater a expansão do tráfico internacional dentro de seu território, a Indonésia implantou em 1997 punições semelhantes às de seus vizinhos do Sudeste Asiático: pena de morte para produtores ou traficantes de drogas como cocaína, heroína e maconha, e prisão por um período entre quatro e vinte anos para usuários de drogas. Malásia, Cingapura, Tailândia e Vietnã também aplicam a pena capital com o intuito de acabar com a circulação de narcóticos. Portanto, a prisão de Marco Archer Cardoso Moreira lançou-o dentro de um sistema judiciário extremamente rigoroso com traficantes.

Para executar a pena de morte, a legislação indonésia prevê o fuzilamento por um esquadrão policial, como também ocorre na Tailândia e no Vietnã. Na Malásia e em Cingapura, a sentença é ainda mais dura: quem for flagrado traficando drogas é condenado de maneira expressa à morte por enforcamento; o único modo de o acusado escapar da pena capital é provar sua inocência diante de um juiz. Nas Filipinas, antes de o país abolir a sentença de morte em 2006, a execução era feita por meio de uma injeção letal.

Ajuntamento de 17.508 ilhas onde vivem 240,3 milhões de pessoas, a Indonésia é a quarta nação mais populosa do planeta, atrás apenas de China, Índia e Estados Unidos e imediatamente à frente do Brasil. Cerca de 6 mil ilhas do arquipélago são desabitadas, e as centenas de portos em localidades remotas costumam ser a porta de entrada para as drogas no país.

Segundo a CIA (Agência Central de Inteligência), a Indonésia produz em seu território maconha, ecstasy e metanfetamina, além de servir de rota de tráfico de cocaína e heroína para a África e a Europa. O país está na região de influência do Triângulo Dourado, área formada por Laos, Mianmar e Camboja, conhecida no passado pelas grandes plantações de papoula (matéria-prima do ópio) e, mais recentemente, pela produção de metanfetamina.

A justificativa do governo para condenar os traficantes à pena de morte foi o crescimento do consumo de drogas no país. Entre as mais populares estão a maconha, o ecstasy e o shabu-shabu, cristal de metanfetamina que, aspirado ou fumado, causa efeitos similares aos do crack. O apelido é uma derivação do japonês *shaburu*, ou "chupar". Conhecido no Ocidente graças à série de TV norte-americana *Breaking Bad*, o shabu-shabu despertou a atenção do Escritório das Nações Unidas sobre Drogas e Crimes (UNODC), para o qual o crescimento da produção e do uso de metanfetamina é uma "ameaça" à Indonésia.[1] Em 2011, cerca de 4,7 milhões de pessoas, ou 2,2% da população entre 10 e 59 anos, declararam haver usado drogas no ano anterior, segundo estudo da Agência Nacional de Narcóticos (BNN) e da Universidade da Indonésia, citada em outro relatório do UNODC.[2]

Por trás da decisão de matar traficantes está também uma medida "populista" do governo, avalia a Imparsial,[3] uma das principais organizações não governamentais de defesa dos direitos humanos na Indonésia. A entidade relaciona a pena de morte à incapacidade do país de resolver o problema por meio de políticas públicas. A medida seria "populista" porque atende a um desejo da própria sociedade indonésia. Pesquisa feita em 2006 pelo jornal *Media Indonesia* mostrou que 78% dos entrevistados apoiavam esse tipo de punição para traficantes de drogas.[4] Para a Imparsial, a pena tende a ser bem-aceita pela sociedade no caso de crimes graves em razão da "frágil consciência jurídica" da população.

Nas campanhas políticas, a defesa da pena de morte é um ativo para atrair o eleitorado. Em 2004, nas eleições para presidente e vice-presidente (na Indonésia, o vice é escolhido em eleição à parte), oito dos dez candidatos sustentaram a manutenção da sentença capital, entre eles o presidente eleito, Susilo Bambang Yudhoyono, do Partido Democrata, para quem a punição devia ser imposta aos traficantes de drogas, agentes de corrupção e violadores dos direitos humanos "por uma questão de justiça e para dissuadir todos os criminosos".[5] Com o mesmo discurso, Yudhoyono foi reeleito em junho de 2009 para um novo mandato de cinco anos, que terminou em 2014. Em seu lugar, assumiu Joko Widodo, do Partido Democrático da Indonésia, que em 9 de dezembro de 2014 sinalizou que rejeitaria todos os pedidos de clemência daqueles que foram condenados à morte por envolvimento com drogas. O partido a que pertence é liderado por Diah Megawati Sukarnoputri, que foi presidente do país de 2001 a 2004 e é defensora da sentença capital.

35

O contínuo estímulo à pena de morte pode ter relação com a religião predominante na Indonésia, o islamismo. Defensores da medida usam o Alcorão para legitimá-la, citando em especial o versículo 151 da 6ª surata, que abre a possibilidade de punição com morte desde que por razão justificada: "Não mateis, senão legitimamente, o que Deus proibiu matar [...]".[6] Para a Imparsial, contrária à pena de morte, essa é uma interpretação controversa da doutrina islâmica, usada por algumas nações para oficializar as execuções. Dos 32 países que mantinham em 2010 a pena de morte para casos de tráfico de droga, pouco mais da metade (18) era de população majoritariamente muçulmana.

A pena de morte existe na Indonésia desde a colonização holandesa, iniciada no século XVII, e era aplicada sobretudo em condenações de nativos. Comportamento inadequado, fuga de fazendas ou das minas onde trabalhavam e insulto a autoridades eram motivos suficientes para condená-los à morte, sentença à qual também estavam sujeitos devedores de impostos ao reino ou inimigos políticos. No começo do século XVIII, a capital indonésia, Batávia (mais tarde rebatizada de Jacarta), contava com 130 mil moradores e fazia dez execuções por ano – o dobro da capital holandesa, Amsterdã, que tinha 210 mil habitantes e realizava cinco execuções anualmente, segundo a Imparsial.

Em 1945, a Indonésia declarou sua independência, e a punição capital foi incorporada às leis da nova nação. Sucessivas modificações nos anos seguintes estenderam a pena de morte para quem ameaçasse o fornecimento de comida e roupas à população (1959), praticasse ações consideradas subversivas (1963) e até cometesse crimes contra a aviação (1976). Atualmente, além do tráfico de drogas, a pena de morte está prevista para os assassinatos premeditados, a tentativa de matar o presidente ou o vice, a traição ao país, o assassinato do chefe de Estado de um país aliado, a pirataria que resulta em morte e o latrocínio (roubo seguido de morte), além de casos graves de corrupção. O último crime a entrar nesse rol foi o terrorismo, em 2003.

O método de execução em vigor – o fuzilamento – foi oficialmente definido em 1964, durante o governo do presidente Sukarno (também chamado Soekarno), que, como muitos javaneses, o mais numeroso grupo étnico do país, não tinha sobrenome. Embora já fosse aplicado havia algum tempo, especialmente para crimes militares, o fuzilamento não estava até então regulamentado por lei. Em 2014, havia cerca de 150 condenados à morte no país aguardando a execução da pena.

Os limites entre luz e escuridão nunca estão muito claros na Indonésia. A mesma Justiça responsável por punir criminosos com rigor tem a corrupção incrustada em sua estrutura, assim como a polícia. Subornar juízes e promotores em troca de penas mais leves – ou ser extorquido por eles – faz parte do cotidiano, o que produz uma engrenagem na qual o dinheiro tem papel importante na definição da sentença e do destino do réu.

O italiano Michael (nome fictício)[7] tentou entrar no país com alguns quilos de cocaína, foi flagrado pela polícia, preso no aeroporto e mais tarde acusado de tráfico internacional de drogas. A Promotoria pediu seu fuzilamento, mas a Justiça negou o pedido e o condenou à prisão perpétua. A razão de ele continuar vivo, o próprio Michael confessa, é o dinheiro. Ele diz ter dado 110 mil dólares para o advogado e, depois, vendido uma casa por 200 mil dólares para obter a verba necessária para subornar o juiz. O pagamento, afirma, foi intermediado por um influente advogado, especialista nos trâmites da Justiça local. Agora, Michael faz planos para sair da cadeia. Conseguiu reduzir a pena de prisão perpétua para vinte anos e, depois, para quinze, argumentando ser réu primário e ter bom comportamento no cárcere.

Em 2010, Michael estava preso ao lado de pessoas flagradas com menor quantidade de droga, mas que não puderam, por falta de dinheiro ou outra razão, "comprar" uma sentença melhor. Ele conta que muitos outros presos com os quais convive recorreram ao mesmo expediente dele.

O paquistanês Zulfiqar Ali, de 46 anos, encarou a outra face da realidade indonésia. Foi preso em novembro de 2004 em Jacarta, depois de a polícia encontrar 300 gramas de heroína com o indiano Gurdip Singh, que declarou ter recebido a droga de Ali. Isso bastou para que o paquistanês fosse torturado durante três dias em uma casa particular. Segundo o relator especial do Conselho de Direitos Humanos da ONU à época, Manfred Nowak, Ali foi atingido por socos e pontapés e ouviu dos policiais que levaria um tiro se não confessasse o crime, embora não houvesse prova concreta de sua participação.

Nowak esteve com o acusado em novembro de 2007, durante inspeção da ONU a prisões da Indonésia. Em seu relatório, concluído em março do ano seguinte, descreve: "Depois de três dias, sua saúde se deteriorou tanto que ele teve de ser levado a um hospital da polícia, onde foi tratado por dezessete dias".[8] Em seguida, Ali foi transferido para uma prisão, na qual ficou dois meses e meio sob custódia. O pior aconteceu em seguida, prossegue Nowak: "O promotor encarregado do caso, sr. Hutagaol, propôs retirar as acusações mediante o pagamento de 400 milhões de rúpias (cerca de 33 mil dólares)",[9] o que o paquistanês recusou. Julgado sem assistência judiciária nem "evidência convincente",[10] durante sessão em que o juiz chegou a dormir, Ali foi condenado à morte em 2005. Para ele, foi um julgamento injusto e tendencioso, sobre o qual nem sequer a embaixada de seu país foi avisada adequadamente.

Em 2006, a Ansay Burney Trust International, organização não governamental paquistanesa que luta em favor dos direitos humanos, apelou ao governo indonésio para reverter a pena de Ali. Um dos argumentos usados foi que Gurdip Singh, o indiano que o acusara, dissera mais tarde ter mencionado o nome do paquistanês sob tortura, a fim de tentar ser liberado pelos policiais. Ali já teve um recurso rejeitado pela Justiça e, em 2015, permanecia no corredor da morte. Singh, a propósito, recebeu a mesma sentença.

Os próprios advogados e juízes tratam a corrupção como algo corriqueiro. Suprapto, juiz que trabalha na Corte Distrital de Tangerang, responsável pelos julgamentos decorrentes de prisões no aeroporto de Jacarta, disse ao The Jakarta Post [11] ter recusado uma proposta de 500 milhões de rúpias (cerca de 40 mil dólares, ou 155 vezes seu salário mensal) para não condenar à morte o nigeriano Stephen Rasheed Akinyemi, detido em julho de 2003 no aeroporto Soekarno-Hatta com 400 gramas de heroína. Akinyemi foi condenado em março de 2004 pela Corte Distrital de Tangerang, mas conseguiu reverter a sentença. O Supremo Tribunal de Java Ocidental estabeleceu pena de vinte anos de detenção, com a justificativa de que o nigeriano fazia um favor para um amigo e que usaria o dinheiro ganho no transporte da droga, 560 dólares, para alimentar a família. O júri ocorreu em 7 de junho de 2004. "Traficantes nunca desistem de procurar brechas na lei. Se eles falham ao tentar nos subornar, ainda têm a oportunidade de subornar juízes na apelação à Suprema Corte",[12] afirmou Suprapto.

Também os advogados se aproveitam das famílias de presos, para tomar-lhes dinheiro. A mãe[13] de um rapaz preso por levar cocaína, deu 40 mil dólares adiantados a um advogado indonésio para que ele defendesse o filho. Durante um encontro em Jacarta, em 2005, para impressioná-la o advogado chegou em um carro novo e caro, vestido com um costume bem cortado e disse ter acesso livre à prisão de Tangerang, onde o rapaz cumpria pena. Foi a primeira e última vez que se viram. O advogado desapareceu, levando o dinheiro. O filho, sem ninguém para defendê-lo, foi julgado à revelia e, meses depois, condenado à morte. Atualmente, o caso está em fase de recurso na Suprema Corte, sob os cuidados de outro advogado.

A mãe do rapaz chegou a procurar o mesmo advogado que intermediara a compra da sentença de Michael, mas ele disse não ter influência na Corte onde o filho dela seria julgado, por ser em outra província do país.

Não à toa, entre 177 nações, a Indonésia ostentava a 114ª colocação no ranking de percepção de corrupção de 2013, divulgado anualmente pela Transparência Internacional, organização não governamental sediada em Berlim. (No mesmo ranking, o Brasil ocupava a 72ª posição).[14] De acordo com a pesquisa, que entrevistou 1.000 pessoas entre junho e julho, o Congresso, os partidos políticos, a polícia e o Judiciário seriam os órgãos mais corruptos na avaliação dos indonésios. Entre os entrevistados, 18% afirmaram ter pagado propina nos doze meses anteriores. O pagamento foi feito a pessoas ligadas ao Poder Judiciário (14,3%), a agentes da alfândega (15%) e à polícia, entre outras instituições.

Outras organizações têm diagnóstico semelhante ao da Transparência Internacional. Durante seminário nas Filipinas em 2005, o consultor sênior do Banco Mundial Sebastiaan Pompe afirmou que o Judiciário da Indonésia já não anda mais sem a influência da corrupção. "Há uma forte e, em certa medida, necessária prática de extorsão para permitir que o sistema funcione",[15] declarou. Para ele, o problema deixou de ser individual e passou a endêmico.

A ONU corrobora essa classificação. Após uma visita de duas semanas às prisões da Indonésia, em 2007, Manfred Nowak, relator especial, escreveu em seu relatório: "O relator especial recebeu numerosas e consistentes denúncias de que a corrupção está profundamente arraigada no sistema judiciário criminal. Várias fontes indicaram que, em todas as etapas, desde a polícia e o Judiciário até os centros de detenção e prisões, a corrupção é uma prática quase institucionalizada".[16] O documento foi encaminhado ao governo indonésio.

O próprio governo admite: há uma "máfia" em atividade no Judiciário nacional. A quadrilha, que alivia penas de prisão mediante pagamento, é formada por policiais, advogados, funcionários de fóruns, promotores e juízes. Os quatro primeiros fazem a intermediação com os magistrados para negociar a sentença. Escritórios de advocacia incentivam essa proximidade com os juízes e promotores, oferecendo-lhes presentes e agrados, já a polícia é constantemente mencionada como responsável por prisões forjadas com o objetivo de extorquir criminosos ou inocentes.

Em 2009, o presidente Susilo Bambang Yudhoyono criou uma força-tarefa para erradicar a máfia da Justiça, por meio de estratégias para prevenir, minimizar e mitigar o problema. Um dos primeiros resultados do trabalho foi a publicação, em 2010, de um livro[17] que traça um retrato minucioso da atuação dos corruptores do Judiciário. A falta de controle externo (defende-se a criação de uma espécie de Conselho Nacional de Justiça local) e os baixos salários são algumas das causas para a corrupção, aponta o estudo. Um juiz de primeira instância na Indonésia inicia a carreira com um salário de cerca de 880 dólares, o equivalente a mais ou menos seis salários mínimos em Jacarta, segundo dados de 2013. Se ele chegar a presidente da Suprema Corte, seus vencimentos subirão para pouco mais de 3.400 dólares. No Brasil, os rendimentos variavam entre 12 mil e 28 mil reais – entre 5 mil e 11 mil dólares aproximadamente – em outubro de 2014. O livro também assinala que faltam ao país mecanismos de controle para evitar o enriquecimento ilícito de policiais, promotores e juízes, além de garantias de proteção para denunciantes.

Enquanto o julgamento expõe o criminoso à face deteriorada do Judiciário indonésio, o confinamento em uma penitenciária do país significa penetrar em um mundo à parte, cuja estrutura movida a propina determina como a pena será cumprida. Esse mecanismo só funciona por causa da precariedade das prisões, onde a comida é indigesta, as condições de habitação em geral são ruins – com celas quentes e úmidas – e a assistência médica, inadequada. A inspeção realizada pela ONU em 2007 constatou que a corrupção nas penitenciárias, "praticada por guardas e prisioneiros, frequentemente com o consentimento de autoridades prisionais, leva à desigualdade de bens materiais e constitui violação das normas internacionais".[18]

Havia 144.332 presos na Indonésia em 31 de dezembro de 2012, segundo o Centro Internacional de Estudos sobre Prisões, baseado em Londres. São 48% a mais do que a capacidade total de 97.327. O Brasil tem índice similar. No presídio de Cipinang (Jacarta), por exemplo, a ONU flagrou presos recém-chegados alojados no corredor e obrigados a dormir no chão, a não ser que pagassem aos oficiais a "transferência" para uma cela. Além disso, encontrou celas às escuras e sem iluminação, durante o dia. O mesmo foi testemunhado em um quartel de

Jacarta destinado a presos provisórios, que cobrava de cada detento 100 dólares semanais a título de "aluguel" da cela e só fornecia água potável a quem se dispusesse a pagar. Em razão da desvalorização da moeda local em relação ao dólar (em outubro de 2014, com 1 dólar compravam-se pouco mais de 12 mil rúpias indonésias), são os estrangeiros que mais usufruem das benesses que o suborno aos guardas proporciona. O dinheiro permite comprar comida, cigarro, ter uma cela maior ou privativa, manter TV, notebook, fogão, telefone celular, receber visitas e até mesmo evitar as agressões dos guardas.

Em janeiro de 2010, a força-tarefa antimáfia do governo encontrou a executiva Artalyta Suryani, de 45 anos, em uma cela de 64 metros quadrados com cama de casal, ar-condicionado, TV, geladeira e um lounge equipado com karaokê. Ela tinha sido condenada, em 2008, a cinco anos de prisão por subornar um promotor, oferecendo-lhe 660 mil dólares para barrar uma investigação contra um banco ao qual era ligada. Depois da denúncia das mordomias, Artalyta foi transferida de prisão e passou a dividir a cela com outras detentas. O diretor do presídio onde ela cumpria pena foi demitido. Em 2011, a Justiça a colocou em liberdade condicional, apesar dos protestos de organizações não governamentais.

A ONU atribui o mercado livre das prisões também à baixa remuneração dos policiais, que iniciam a carreira com vencimentos de aproximadamente 225 dólares, valor inferior, por exemplo, ao salário mínimo no Brasil em 2014, de 724 reais, o equivalente a cerca de 280 dólares. No relatório de 2008, a ONU instava o governo indonésio a tomar medidas efetivas contra a corrupção. Dois anos depois, um acompanhamento da entidade[19] revelou que os problemas ainda persistiam.

A corrupção disseminada na Indonésia e a fragilidade do Judiciário são herança dos 32 anos em que o país viveu sob o comando de um único homem, Suharto, que assumiu o poder em 1967 em meio a uma crise sem precedentes.

A Indonésia era então uma jovem república. A independência da Holanda havia sido declarada em 1945 e reconhecida quatro anos depois. O primeiro presidente indonésio, Sukarno, um dos responsáveis pela declaração de independência e herói nacional, enfrentava dificuldades para governar. Não conseguia unir o país, com suas milhares de ilhas e centenas de etnias, nem controlar a insatisfação de grupos muçulmanos que queriam um Estado islâmico, enquanto ele defendia uma Indonésia laica.

As tensões se acirraram em 1957, quando Sukarno estabeleceu a chamada "democracia guiada", que se opunha à democracia liberal em vigor no país. Ele destituiu o Parlamento, eleito dois anos antes, tolheu a independência do Judiciário[20] e resgatou a primeira Constituição, de 1945, a qual lhe dava mais poderes.

Ao mesmo tempo, Sukarno despertou a ira do Exército e dos Estados Unidos ao se mostrar simpático ao comunismo, embora oficialmente se declarasse não alinhado, fosse aos ocidentais, fosse ao bloco soviético. Com isso, os norte-americanos armaram e financiaram grupos rebeldes anticomunistas na

Indonésia no final da década de 1950, o que ajudou a deteriorar a relação entre os países.

No aspecto econômico, a Indonésia era uma nação arruinada, com inflação galopante e dependente da exportação de arroz. A população passava fome. Segundo a revista *Time*,[21] 75 mil mendigos perambulavam pelas ruas de Surabaya, a terceira maior cidade do país, em fevereiro de 1964.

O auge da crise ocorreu em 1º de outubro de 1965, quando um grupo de oficiais comunistas pró-Sukarno mataram seis generais, passaram a controlar as telecomunicações e ocuparam o palácio presidencial a pretexto de impedir um golpe de Estado que seria deflagrado pela cúpula do Exército. O presidente foi levado para uma base militar, no intuito de proteger a sua vida.

Foi então que Suharto emergiu. General do Exército, ele reagrupou a cúpula das Forças Armadas e liderou a reação. O resultado foi o massacre de milhares de comunistas por todo o país. Em *Suharto: a Political Biography* [Suharto: uma biografia política],[22] Robert Edward Elson relata que 500 mil pessoas foram assassinadas em menos de um ano. Os seguidores de Suharto incitaram e treinaram civis para os ataques. As mortes aconteciam à noite, em arrozais, coqueirais ou seringais, por estrangulamento, apedrejamento, esfaqueamento por facões, foices e espadas. Algumas pessoas eram queimadas vivas com gasolina, como contou o jornalista britânico Richard Lloyd Parry em *In the Time of Madness* [Nos tempos da loucura].[23] Em Bali, um dos líderes comunistas chegou a ter a gordura arrancada do corpo antes de ser alvejado na cabeça. O assassinato dos comunistas foi classificado pela CIA como "um dos piores massacres do século XX".

Embora integrasse a cúpula das Forças Armadas, Suharto não fora alvo da ação dos oficiais rebeldes comunistas, o que suscitou a suspeita de seu envolvimento na morte dos seis generais. Ele sempre negou. O fato é que, depois de chegar ao comando do Exército em 1965, no ano seguinte assumiu o poder no lugar de Sukarno, que, além de enfraquecido politicamente, estava com a saúde debilitada.

Chamado de "pai do desenvolvimento", o general Suharto foi oficialmente empossado no cargo de presidente em 1968. As três décadas seguintes ficaram conhecidas como "Nova Era", período marcado pelo Estado forte, pela expansão da economia, com desenvolvimento da infraestrutura, da saúde e da educação, pela redução da pobreza, pelo controle da natalidade e pela conquista da autossuficiência na produção de arroz – o prato principal dos indonésios – após vários anos de importação do cereal. Auxiliado por um grupo de economistas conhecido por apoiadores e adversários como "máfia de Berkeley", Suharto derrubou a inflação de 113% em 1967 para 10% em 1969, elevou o crescimento nacional a expressivos 7% ao ano e conseguiu aumentar a renda per capita quatro vezes em dezoito anos. Eleições de fachada elegiam-no presidente a cada cinco anos.

Em contrapartida à expansão econômica, ocorreu forte repressão política, com a perseguição de opositores, especialmente comunistas, a restrição às liberdades individuais e a violação dos direitos humanos, cujo ápice foi a invasão do

Timor Leste pela Indonésia em 1975. Durante 24 anos, a ocupação provocou a morte de 102.800 timorenses por assassinato, fome ou doenças, de acordo com relatório da Comissão de Acolhimento, Verdade e Reconciliação do Timor Leste concluído em 2006.

A Indonésia foi ficando menos pobre, enquanto Suharto e sua família expandiam enormemente seu patrimônio e disseminavam a corrupção pelo país. Seus filhos e aliados políticos enriqueceram ao controlar conglomerados industriais e concessões dadas pelo governo para exploração de petróleo, madeira e estradas. Em 1996, por exemplo, um decreto presidencial fixou como carro 100% nacional determinado tipo de veículo cuja fabricante era uma das empresas de um dos filhos de Suharto, Tommy, também dono de hotéis e detentor do monopólio da exploração de cravo, usado na fabricação de cigarros. Uma das filhas do presidente, Tutut, foi agraciada em 1987 com a concessão de uma rodovia com pedágio em Jacarta. Oito anos depois, o contrato foi renovado até 2024. Nem a primeira-dama, Tien, deixou de colher vantagens: seus detratores a chamavam de "Madame Tien Per Cent" (Madame Dez por Cento), alusão aos subornos que ela supostamente recebia.

Na década de 1990, o general criou fundações com objetivos pretensamente filantrópicos, por meio das quais arrecadava doações de corporações que faziam negócios com a Indonésia. Por lei, os maiores contribuintes do país eram obrigados a doar 2% de sua receita líquida a um fundo, que destinaria o dinheiro a famílias carentes. Amigos e parentes do general gerenciavam as doações ao fundo, que, segundo o Banco Mundial, serviu como mecanismo de desvio de dinheiro público para contas privadas. "Sob Suharto, a corrupção não foi uma consequência não intencional de um Estado altamente intervencionista", analisa o documento *Combating Corruption in Indonesia* [Combatendo a corrupção na Indonésia], de 2003.[24] Ainda de acordo com o Banco Mundial, o período de Suharto produziu o enfraquecimento das instituições, o esgotamento dos recursos naturais e uma cultura de favores e de corrupção na elite empresarial.

O Judiciário foi "marginalizado", definiu o Banco Mundial. Fragilizados desde a época de Sukarno, os tribunais ficaram submetidos à interferência política. A avaliação, a promoção e os reajustes salariais por mérito foram abandonados. Embora em 1970 uma lei houvesse enfatizado a independência do Judiciário e proibido interferência externa, na prática a situação era outra. A Justiça seguiu sob o controle do Executivo, que manejava o orçamento, a transferência de pessoal e as promoções. Também os militares tinham muita influência no Judiciário – em 1987, chegaram a integrar um terço da Suprema Corte, aponta estudo da Comissão Internacional de Juristas. "Essas medidas institucionais tornaram quase impossível para os juízes atuarem de modo autônomo em casos impopulares para o governo",[25] analisou o Banco Mundial.

Juízes se expuseram a pressões por manipulação, ameaçados pela possibilidade de transferência para localidades remotas. Subserviente a Suharto, o Judiciário perdeu a independência e não condenou o Estado uma única vez; o próprio ditador agia como juiz ou jurado em casos expressivos. A corrupção não tardou: em 1972, registrou-se o primeiro caso na Suprema Corte, fenômeno até então limitado às instâncias inferiores. "Investir no sistema jurídico foi talvez uma das maiores oportunidades perdidas nos anos 1970",[26] atesta o estudo do Banco Mundial. A década foi conhecida pelo boom nas receitas indonésias com o petróleo, em razão do aumento do consumo do combustível no mundo e pelo fato de o país ser o único representante asiático na Organização dos Países Exportadores de Petróleo (Opep). O Banco Mundial assinala que, enquanto a fortuna do petróleo turbinava a saúde, a educação e a infraestrutura, o Judiciário se decompunha. Faltavam máquinas de escrever, banheiros e espaço físico para os juízes, que complementavam o orçamento com dinheiro de presentes, propinas e taxas. Havia até magistrados que dormiam no escritório por não ter onde morar.

Diante do sucateamento do Judiciário indonésio, as empresas resolviam entre si pendências que deveriam ser objeto de apreciação da Justiça. Colaborava para isso o fato de muitas leis terem permanecido inalteradas desde o início do século XX, período em que o país ainda vivia sob colonização holandesa – caso das regras sobre direito comercial, falência, propriedade intelectual e concorrência. Sem segurança jurídica, a população submetia as disputas a líderes religiosos, a amigos ou à família. A sociedade indonésia havia aprendido a solucionar impasses sem recorrer ao Estado.

Uma avaliação da Comissão Nacional de Planejamento, em 1996, concluiu que a situação era desesperadora, mas não sem saída. Mencionado no relatório do Banco Mundial, um advogado atuante na área de direitos humanos estimou que 90% dos juízes eram corruptos. Um juiz da Corte Superior, Adi Andojo, fez vazar um memorando que expunha as entranhas de um sistema contaminado. Resultado: o chefe da Corte Superior recomendou sua demissão a Suharto.

Suharto renunciou à Presidência em 21 de maio de 1998, em meio a uma crise econômica na Ásia que desvalorizou a rúpia, derrubou os preços do petróleo e do gás, elevou a inflação e fez o capital fugir do país. Nos dias que antecederam o anúncio, protestos de estudantes espocaram pelas ruas – houve reação dura da polícia e centenas de pessoas foram mortas. Fazia dois meses que o general tinha sido "eleito" para o sétimo mandato de cinco anos.

Suharto, que quando menino teve de abandonar a escola porque sua família não tinha como bancar o uniforme, estava bilionário ao deixar o poder. Ele e seus familiares controlavam 417 empresas em 1996, segundo o informe "Políticas Públicas para o Setor Privado",[27] também do Banco Mundial. Graças a essa fortuna, o ditador ocupou o 16º lugar no ranking dos homens mais ricos do mundo no ano seguinte, segundo a revista *Forbes*.

Relatório da Transparência Internacional estima que Suharto tenha desviado entre 15 bilhões e 35 bilhões de dólares em verbas durante seu regime de 31 anos, de 1967 a 1998.[28] O documento, de 2004, coloca-o em primeiro lugar em uma lista de líderes mundiais cujo governo foi marcado por violência e corrupção. O ditador Ferdinando Marcos, das Filipinas, vem em segundo lugar, seguido de Mobutu Sese Seko (antigo Zaire), Sani Abacha (Nigéria), Slobodan Milosevic (antiga Iugoslávia) e Baby Doc (Haiti).

Depois de sua saída, o Ministério Público processou Suharto pelo desvio de 571 milhões de dólares dos cofres públicos, mas ele alegou problemas de saúde e o processo foi suspenso. O ditador morreu em janeiro de 2008, aos 86 anos, de falência de múltiplos órgãos. "Perdemos um dos melhores filhos da nação, um guerreiro leal, soldado de verdade e estadista honrado. Nós agradecemos sua grande contribuição, os serviços que prestou ao país durante a vida, e perdoamos suas falhas", discursou o presidente Susilo Bambang Yudhoyono, ele também um general da reserva, no funeral de Suharto.

Foi nessa terra de fortes antagonismos, onde se reverencia um ditador acusado de dilapidar o Tesouro nacional e ao mesmo tempo se luta para combater a corrupção, que o brasileiro Marco Archer Cardoso Moreira seria levado a julgamento.

Quem é seu chefe?

Noite de sábado, 16 de agosto de 2003, na Indonésia; manhã de domingo, 17, no Brasil. O telefone toca no apartamento 105 do número 706 da rua Rainha Elizabeth, a poucos metros da praia do Arpoador, no Rio de Janeiro. Do outro lado da linha, ouve uma voz conhecida falar rapidamente:

– Mamãe, não posso falar em português. Estão me levando para a prisão!

A funcionária pública Carolina Archer não sabe o que dizer. É tomada por um mal súbito que lhe causa tontura e a faz quase perder os sentidos. Aturdida, pergunta ao filho o que aconteceu com ele. Marco responde em português, mas é repreendido pelos guardas, que querem saber o que está dizendo. Ele desliga o telefone. A notícia se espalha entre amigos e parentes no Rio. Avisados por conhecidos em Bali, outros amigos começam a ligar uns para os outros. Exceto a mãe, ninguém consegue falar com ele.

Na Indonésia, o brasileiro desembarca na marina de Sumbawa, um dos lugares pelos quais passou durante a fuga. É recebido por um coronel, que lhe diz que, depois de sua fuga mobilizar mais de duzentos oficiais em Bali e outros locais, ele teve muita sorte por não ter sido torturado pela polícia após a captura. Marco chora. O coronel é um sujeito forte e alto que repete insistentemente que adora matar.

Os policiais colocam o brasileiro em uma minivan preta de vidros escuros e o levam para um resort Sheraton em Lombok, enquanto esperam a decisão sobre como ele será transferido para Jacarta. Apenas um dos policiais, Andy, fala inglês; Marco não quer que ninguém saiba de sua fluência em bahasa, para evitar que investiguem seu passado no país.

Os policiais o algemam à cama de um dos quartos do hotel e o interrogam. Querem saber quem está por trás da empreitada do tráfico. Diante dele, torturam Ronny, o balinês que lhe serviu de guia em Nusa Lembongan, pois suspeitam que seja cúmplice. Marco diz que Ronny não tem nada a ver com a droga, mas os policiais não acreditam e detêm o guia.

Andy mostra as fotos do book de asa-delta encontrado no aeroporto. O brasileiro tenta conquistar a simpatia do policial, recorrendo a símbolos do Brasil reconhecidos internacionalmente: diz que veio da Amazônia, que morou no Rio de Janeiro, que praticou jiu-jítsu com a família Gracie… A tática funciona por algum tempo: o policial entrega ao preso uma refeição com *nasi goreng*, camarão e cerveja, enquanto conversam sobre amenidades.

A trégua acaba quando toca o celular de Marco. Encontrado pela polícia na praia onde ocorreu a prisão, nele estão registradas todas as ligações para os conhecidos de Bali. Do outro lado da linha está Pedro, que ainda não sabe da prisão. A polícia não faz ideia de que são sócios, mas pretende investigar a ligação entre ambos. Manda Ronny atender e marcar um encontro em Bali no dia seguinte.

O encontro nunca ocorreu. Assim que desligou o telefone, Pedro recebeu uma ligação de uma amiga de Bali, que lhe contou sobre a prisão de Marco. No mesmo dia, ele escapou de barco até Batam, no noroeste indonésio, atravessou a fronteira e chegou por mar em Cingapura. De lá, embarcou para o Brasil. Quando os policiais chegaram ao local marcado para o encontro, Pedro já estava longe em sua fuga.

O interrogatório de Marco leva três dias. Confinado no quarto do hotel, ele explica como comprou a droga no Peru, mas não entrega nenhum de seus parceiros. A polícia decide continuar sua investigação em Bali. Marco e Ronny são levados para a ilha, onde ficam trancafiados no Kuta Paradiso Hotel, na praia de Kuta, conhecida pelas boas ondas e pelo pôr do sol idílico.

Incapazes de descobrir os cúmplices do brasileiro, os policiais começam a perder a paciência. Em uma noite, levam Marco e o guia balinês para andar pela cidade. Procuram pelo "*boss*", o mandante do crime. O carro preto de vidros escuros chega a uma área deserta próxima de Uluwatu, um templo hindu no sul da ilha. Marco é vendado e empurrado para fora do carro. Um dos policiais engatilha o revólver e o faz ajoelhar:

– Filho da puta, quem é seu chefe?

Nenhuma resposta. Ele atira quatro vezes. As balas parecem passar de raspão pelo ouvido do brasileiro, que, desesperado, aposta alto: afirma pertencer ao Cartel de Medellín, do poderoso barão da droga Pablo Escobar. Diz ainda que, caso seja agredido, os familiares dos policiais serão assassinados e vão "pro buraco". Blefe. Escobar havia sido morto dez anos antes, e seu cartel não existia mais.

A pressão dos policiais aumenta e eles conseguem arrancar um nome de Marco. Ele diz que faz parte de uma quadrilha e que entrou na Indonésia a mando de um chefão internacional da droga. Pronuncia o nome do mandante: "John Miller". Com um ruído perturbador nos ouvidos causado pelos tiros rentes a sua cabeça, o brasileiro é levado de volta ao hotel.

No dia 21 de agosto, ele é apresentado à imprensa durante uma entrevista em que a polícia presta contas sobre a perseguição de duas semanas a um homem que colocou em xeque a segurança nacional da Indonésia. Algemado, Marco repete para os repórteres a versão que apresentou aos agentes de segurança. Os jornais da manhã seguinte estampam a notícia da "descoberta", pela polícia, do cúmplice John Miller.

Agora no encalço de John Miller, que não sabem ser uma fantasia de Marco, os policiais decidem liberar Ronny, que nada tinha a ver com a história. O brasileiro se livra da sequência de interrogatórios e é transferido para Jacarta, onde fica em um quartel da polícia.

No Rio, Carolina reúne as economias que acumulou em anos de trabalho nos escritórios da Comlurb, a empresa de limpeza pública municipal, e paga aproximadamente 20 mil reais a um advogado para que ele vá até a Indonésia e se inteire do caso do filho.

A situação, porém, é mais complicada do que parecia. A legislação criminal do país asiático difere enormemente da brasileira em inúmeros aspectos, a começar da própria pena de morte, prevista no Brasil só em tempos de guerra, e do impacto que a religião tem na lei local, que prevê prisão para blasfemadores das seis religiões oficialmente reconhecidas no país (islamismo, catolicismo, protestantismo, budismo, hinduísmo e confucionismo) – na Indonésia, a propósito, não é permitido não acreditar em Deus.

Os obstáculos jurídicos, mais a barreira do idioma, levam ao fracasso o esforço de Carolina. O advogado volta ao Brasil, e Marco passa a ser assistido por Mona Lubuk, defensora pública indonésia designada para o caso. Avisada, a embaixada brasileira acompanha tudo, mas enfrenta limitações por causa da legislação do país. Fazer com que ele cumpra pena no Brasil, por exemplo, é uma saída impossível, pois não existe um tratado de extradição entre as duas nações.

Ao chegar ao quartel de Jacarta, Marco é mandado para uma cela de 6 metros quadrados. Como não tem colchão, é obrigado a dormir no piso de concreto gelado. A comida consiste em uma porção de arroz empapado servida com alguma verdura. Ele consegue que a mãe lhe faça uma transferência internacional de dinheiro, com o qual suborna os oficiais para que lhe tragam pratos congelados, cerveja, colchão, ventilador e até mesmo comida de supermercados próximos. Diplomatas brasileiros são os únicos a visitá-lo, para conferir se está sendo bem tratado e lhe prestar alguma assistência.

Do outro lado do mundo, no aeroporto internacional de Guarulhos, em São Paulo, um atarracado surfista está prestes a embarcar para Bali. É noite, 1º de dezembro. Ele terá pela frente 29 horas de uma exaustiva viagem, sem levar em conta o tempo de conexão até o aeroporto de Ngurah Rai, em Bali. O ourives Juri Angione, 24 anos, italiano de Orbetello, cidade de menos de 20 mil habitantes na região da Toscana, carrega três pranchas embaladas em um saco específico para esse tipo de equipamento.

É mais um dos jovens europeus a desbravar a paisagem brasileira. Em outras incursões pelo país, Juri (pronuncia-se "Iuri") havia conhecido Florianópolis, onde se encontram algumas das melhores ondas do Brasil. Dessa vez, contudo, a viagem foi rápida, de apenas uma semana. Desde o dia em que chegou, 23 de novembro, teve tempo somente de conhecer o Litoral Norte de São Paulo, ir a algumas casas noturnas da capital e se encontrar com um homem que lhe entregou duas pranchas de surfe novinhas.

O voo 431 da Thai Airlines pousa na abafada ilha indonésia pouco depois das duas da tarde de 3 de dezembro. Na alfândega, um guarda manda Juri colocar no raio X as pranchas que carrega. O oficial desconfia de um ponto negro nelas e decide examinar a bagagem: dentro do isopor encontra 29 plásticos envoltos em papel-carbono, expediente usado para ocultar drogas do raio X. No interior dos pacotes, o característico pó branco de espessura fina: são 5,26 quilos de cocaína.

Juri diz tratar-se de um engano, que a droga não lhe pertence e foi colocada em sua mala por alguém mal-intencionado.

O que ele não conta aos policiais é que havia ido ao Brasil a mando de Carlos, o sócio italiano de Marco, com a missão de comprar a droga e levá-la até Bali para revendê-la por cerca de 530 mil dólares. O dinheiro também serviria para pagar a um advogado influente e capaz de livrar o brasileiro da pena de morte. Flagrado com a cocaína, Juri, que se declara réu primário, é mandado para a prisão.

Marco também pensava em subornar um juiz para comprar sua liberdade. Assim que foi preso, ouviu de um policial que qualquer tentativa da parte dele de extorsão de advogados, pagando para ter uma sentença favorável, seria um expediente inútil. Como o caso ganhara um aspecto emblemático no país, qualquer decisão que não a de condená-lo à morte seria encarada com desconfiança por autoridades e população. Ainda assim, ele tentou arrumar a verba para o suborno. Sem êxito.

Com o fracasso do plano, sem dinheiro para bancar um defensor, Marco tem de se contentar com a advogada que o governo designa para atendê-lo. Dela, recebe a notícia de que lhe será muito difícil escapar da sentença de morte, pelos mesmos motivos apontados pelo policial: a grande repercussão de seu caso na Indonésia, com a apreensão recorde de cocaína, a fuga espetacular e a captura estampada em emissoras de TV e jornais.

Para aguardar o julgamento, o brasileiro é transferido pelo governo do quartel de Jacarta para a prisão de Tangerang, jurisdição à qual pertence também o aeroporto internacional Soekarno-Hatta, local do flagrante.

Marco Archer na Corte Distrital de Tangerang, Grande Jacarta, em 8 de junho de 2004, durante o julgamento em que foi proferida a sentença de morte.

Desamparado e sem esperança à vista, Marco escreve a um amigo em São Paulo: "Curumim está aqui na mão de Deus! Peço ajuda, por favor, pois continuo correndo risco de vida, ou melhor: minha batata está assando. Irmão, por favor, toma a ponta dessa situação ridícula. Foi um *crash* violento, mas nem tanto por causa da fuga de Marco Copperfield. Até a fiscalização não acreditou na manobra, foi uma fuga de cinema, e 16 [na verdade, 14] dias de MUITO PÂNICO E TERROR! Lutem por mim, estou sem amigos, sem *dig dig* [sexo, em bahasa], sem carinho".

O sobrenome Copperfield ele tira não do personagem de Charles Dickens, que, como Marco, viveu tantas agruras, mas do famoso mágico norte-americano.

No Rio, um grupo de amigos articula um plano para ajudá--lo, arrecadando dinheiro para pagar a um advogado que consiga corromper a Justiça e, caso isso não dê certo, para ajudar na fuga de Marco da prisão. A ideia inclui o suborno de guardas e uma escapada de barco até o Timor Leste, país com relações ainda estremecidas com a Indonésia na ocasião. Dali, Marco embarcaria para Portugal e, depois, para o Brasil. Para captar doações, chega a ser criada uma página na internet, na qual se fala da trajetória do brasileiro como esportista e instrutor de voo livre. O site, naturalmente, omite a verdadeira destinação do dinheiro. Com divulgação limitada ao boca a boca e pouquíssimas adesões, o plano é abortado.

No final de 2003, Marco vive alguns de seus piores dias, encarcerado em um presídio imundo e abafado. Diante do futuro apavorante que parece aguardá-lo, a prisão perpétua é o melhor dos sonhos que pode ter.

Diante do Doutor Morte

Em 8 de março de 2004, o julgamento de Marco Archer na Corte Distrital de Tangerang, na Grande Jacarta, começa com mau prognóstico: na semana anterior, um nigeriano foi condenado à morte por posse de 400 gramas de heroína. Os promotores Eben Silalahi e Edrizal pedem para o brasileiro a pena de morte por violação ao artigo 82 da lei antidrogas 22/1997, que prevê detenção de vinte anos, prisão perpétua ou punição capital para traficantes.

Com as mãos algemadas, Marco ouve os promotores o acusarem de ter recebido, em junho de 2003, 10 mil dólares de John Miller em um restaurante em Bali, viajado para o Peru, comprado cocaína e tentado entrar na Indonésia com a droga. O *Jakarta Post* do dia seguinte registra que Miller, tido como cúmplice, continua foragido da polícia. Entre os presentes ao julgamento, há um único amigo de Marco, o fotógrafo Roberto Maldonado, carioca que vive em Bali. Além dele, compõem o público representantes da embaixada brasileira, jornalistas e cidadãos locais.

A Corte Distrital de Tangerang costuma ser implacável com traficantes de drogas. Em 2002, o tribunal foi homenageado pelo governo indonésio pelo rigor com que cumpria a lei antinarcóticos. Até recebeu elogios da então presidente Megawati Sukarnoputri, defensora ferrenha da pena de morte como forma de combater o tráfico internacional. Traficantes que encaram a corte quase sempre são punidos com a sentença capital. Em quatro anos, 27 dos 28 criminosos julgados receberam esse tipo de condenação; o único a se livrar teve como pena a prisão perpétua.

No comando do julgamento está o juiz Suprapto, conhecido como "Doutor Morte" por causa das sentenças que profere. Homem de meia-idade, estatura baixa, casado e pai de três filhos, ele declarou ao *Jakarta Post* ignorar os apelos que afirmam ser a pena de morte uma violação dos direitos humanos. "Não estou preocupado com os direitos dos traficantes de drogas porque eles não se importam com os milhares de vítimas das drogas", disse ao jornal.

Suprapto, que também tem apenas um nome, afirmou preocupar-se principalmente com a ameaça que as drogas trazem aos jovens da Indonésia, segundo ele os mais prejudicados pela difusão de entorpecentes no país. Em 2006, o salário mensal do juiz era de cerca de 385 dólares.

Diante do "Doutor Morte", Marco se declara arrependido e justifica sua ação criminosa dizendo que, com o tráfico, buscava obter dinheiro para saldar uma dívida de 35 mil dólares com o hospital em Cingapura onde se tratou do acidente de parapente em Bali, em 1997. E assegura: aquela foi a única vez em que tentou trazer droga para a Indonésia. Sua advogada acrescenta que ele nunca cometeu um crime na vida e relaciona a empreitada ao desespero pessoal causado pela dívida com o hospital.

O juiz Suprapto encerra o primeiro dia de julgamento sem nada decidir. Estão previstas uma segunda audiência e, por fim, a sessão em que a sentença será proferida.

No dia seguinte, o telegrama 72/2003 da Embaixada do Brasil em Jacarta informa à sede do Itamaraty, em Brasília, em tom pessimista, que, diante dos fatos, não parece haver chance de absolvição ou não punição de Marco. No relato, o embaixador Carlos Eduardo Sette Câmara da Fonseca Costa conserva a esperança, porém, de que o brasileiro, por ser réu primário, fique livre da pena de morte.

No Brasil, começam a espocar rumores de que as execuções na Indonésia são mais cruéis do que se imaginava. Em uma manhã, Carolina Archer vai até a banca da esquina e escuta do jornaleiro que os jornais trazem matérias sobre seu filho: a morte, diz o texto, ocorrerá por meio de uma patada de elefante no crânio. Em dias diferentes, a notícia é reproduzida no *Jornal do Brasil*, em *O Dia*, em *O Estado de S. Paulo*, na *Folha de S.Paulo* e na revista *IstoÉ*. Carolina se desespera ao imaginar que o único filho que lhe resta possa morrer assim. É um dos piores momentos de sua vida desde a prisão de Marco, contará ela seis anos depois. A notícia, porém, está errada: tal método de assassinato, adotado na Índia até dois séculos atrás, não é aplicado na Indonésia, onde a execução é realizada por um pelotão de fuzilamento.

Enquanto espera sua sentença, Marco leva uma vida de relativo conforto na prisão de Tangerang, instalada em um grande terreno a menos de 40 quilômetros de Jacarta e cujas celas estão dispostas lateralmente em torno de uma área gramada. No local, a lei reúne homicidas, pequenos ladrões e traficantes. Escura e sinistra, a prisão abriga os recém-transferidos das delegacias de Jacarta, na maioria em via de ser julgados por tráfico. Em uma unidade vizinha no mesmo complexo, ficam menores de idade – a legislação indonésia prevê prisão por alguns tipos de crime para menores de oito a dezoito anos.

Dólares garantem, para os presidiários, a boa vida nos cárceres da Indonésia, país em que o salário médio é de 100 dólares e policiais ganham pouco mais que o dobro disso. Assim, com os cerca de 400 dólares que a mãe lhe envia todos os meses, Marco compra comida, aparelhos de som e de TV, um forno elétrico e um ventilador – luxos restritos àqueles que podem subornar os policiais. Aos presos indonésios são reservadas as celas quentes e superlotadas, a comida pastosa e insossa e, em troca de algum dinheiro, a chance de prestar pequenos serviços, como limpar a cela e comprar cigarro, aos criminosos estrangeiros.

Um representante da embaixada brasileira visita Marco em Tangerang e diz em telegrama ao Itamaraty que ele está com "boa aparência e atitude psicológica positiva", além de viver com relativo conforto na cadeia, onde tem acesso até a telefone celular, o que é proibido.

Das sete da manhã às sete da noite, as celas ficam abertas e os prisioneiros circulam pelo pátio; não há nada para fazer exceto andar de um lado para o outro, ler, papear com os colegas e fazer ginástica. Como não gosta de ler nem de se exercitar, Marco mata o tempo conversando com outros presos estrangeiros, como italianos, holandeses e australianos, para quem repete as histórias de seu passado no Rio de Janeiro e o relato da fuga espetacular do aeroporto de Jacarta. Seu único amigo de fato é um chinês de cerca de cinquenta anos, preso por causa de contrabando de bebidas, que, com o tempo, passou a proteger o brasileiro.

O dinheiro para a sobrevivência também vem de doações de amigos, que usam a conta-corrente do presidiário chinês para fazer transferências para Marco ou compram créditos de celular para ele negociar. Na prisão indonésia, créditos de celular são como moeda: quem tem vende para quem precisa, e os valores vão de 10 a 100 dólares. Toda a cadeia econômica estabelecida no presídio depende da conivência dos policiais, que exigem dinheiro para deixar o esquema funcionar.

Em 25 de maio, Marco é levado para uma nova audiência na Corte Distrital de Tangerang. Os acusadores dizem que o brasileiro faz parte de uma quadrilha internacional de traficantes de drogas, insistem na pena de morte e pedem ainda o pagamento de uma multa de 300 milhões de rúpias (cerca de 34,5 mil dólares à época). A advogada relativiza a acusação, volta a argumentar que o brasileiro é réu primário e conta que a droga seria levada para a Austrália, ou seja, não seria usada na Indonésia. Suprapto escuta as exposições e marca a data em que pronunciará a sentença: 8 de junho.

No dia decisivo, acomodado na cabine traseira de um pequeno camburão da polícia, Marco é levado de volta à Corte. Ao descer do veículo, vestido com calça preta e camiseta

marrom de mangas compridas, depara com um batalhão de repórteres e fotógrafos. Quando perguntam como conseguiu escapar do aeroporto Soekarno-Hatta, diz, irônico:
— Sou o David Copperfield.

Entre os fotógrafos está Maldonado, seu amigo de Bali, que vive há quase uma década na Indonésia, onde trabalha para empresas de moda e organizadores de campeonatos de surfe. Ele sabe como as coisas funcionam no país e consegue entrar nas dependências do fórum. Fica na mesma sala em que está Marco, ao lado do tribunal. Tira algumas fotos do amigo e, enquanto a sessão não começa, eles conversam.
— Será que vão me matar mesmo? — pergunta Marco.
Maldonado não sabe o que responder.

O brasileiro é chamado para a sessão. Senta-se no meio da sala de audiências, cercado pelos advogados e por policiais, de costas para o público e diante do trio de juízes liderado pelo "Doutor Morte", que não perde tempo e pronuncia a sentença:
— Declaro o acusado Marco Archer Cardoso Moreira culpado diante da lei e estou convencido de que ele cometeu o crime de contrabandear um tipo de narcótico, a cocaína. O tribunal pune o acusado Marco Archer Cardoso Moreira com a pena de morte.

Implacável, Suprapto afirma que o brasileiro integra uma quadrilha internacional de traficantes que ameaça a Indonésia e seus jovens e que, por esse motivo, merece a punição. O crime, segundo o juiz, torna-se ainda mais grave pelo fato de o país empreender uma campanha contra as drogas. Ele rejeita a multa pedida pelos promotores, sob o argumento de que a pena capital é suficiente.

Mesmo condenado à morte, Marco assente com a cabeça e junta as mãos em sinal de reverência, repetindo um cumprimento indonésio habitual. "Ali eu tive a convicção de que estava tudo perdido e de que eu poderia morrer", dirá ele seis anos depois. Na saída, é levado para o carro que o conduzirá de volta à prisão. Por uma janela gradeada, avista Maldonado e lhe faz um pedido: comprar duas cervejas para aplacar o calor. Curiosos, os repórteres perguntam ao fotógrafo o que conversaram.

– Ele disse que está esperançoso – responde.[1]

Carolina Archer ouve a notícia da condenação do filho no *Jornal Nacional* de terça-feira, 8 de junho de 2004: "Um brasileiro foi condenado à morte na Indonésia. Ele pode ser fuzilado, sob a acusação de tráfico de drogas. Marco Archer Cardoso Moreira foi preso em agosto do ano passado". Ela passa mal, em decorrência de seus problemas de pressão, e uma vizinha a socorre. "Aquela cena nunca mais saiu da minha cabeça", lembrará mais tarde.[2]

Em 1993, a Justiça da Flórida (Estados Unidos) condenou à morte o brasileiro Osvaldo Almeida, com vinte anos à época, pelo assassinato de duas prostitutas e um gerente de restaurante. Seis anos depois, a Suprema Corte norte-americana, por entender que Almeida havia cometido os crimes por impulso, sem premeditá-los, converteu a punição em prisão perpétua sem possibilidade de liberdade condicional por 25 anos.

Em 2004, Marco Archer Cardoso Moreira passa a ostentar, assim, a trágica condição de ser o único brasileiro condenado à morte. No ano seguinte, o surfista paranaense Rodrigo Muxfeldt Gularte receberia a mesma sentença na Indonésia.

Como tudo começou

Quando decidiram ter seu segundo filho, Carolina e Jorge elegeram para ele o nome Marco por uma razão tanto curiosa como extravagante: era assim que se chamava a moeda da Alemanha antes do euro.

Carolina era herdeira do grupo de comunicação que comandava o tradicional diário *O Jornal*, em Manaus, cidade onde Jorge, empresário do ramo de transportes, a conheceu, encantando-se imediatamente pela manauara de cabelos compridos e pele clara. Casaram-se e se mudaram para o Rio.

Marco nasceu em uma tradicional maternidade do bairro Humaitá, a Casa São José, em 1º de outubro de 1961, um ano e meio depois do primeiro filho do casal, Sérgio, e quase dois meses após o início da construção do Muro de Berlim. Quando tinha três anos, seus pais se separaram. Isso, contudo, pouco afetou, no plano material, a boa vida do menino, que passou a infância e adolescência entre o píer do Arpoador, um dos berços do surfe no Brasil, e Ipanema, bairro onde morava. Para os amigos, ele era Curumim, apelido que recebeu por causa da origem amazônica de parte de sua família – em tupi, a palavra designa "criança".

Marco estudou em colégios particulares de prestígio e, segundo ele, foi expulso de mais de uma dessas escolas. Ainda criança, viajou em férias para a Europa e os Estados Unidos. No entanto, pouco o distinguia dos demais garotos da classe alta carioca.

Em 1974, aos doze anos, filho de uma família bem relacionada no Rio, foi entrevistado pela jornalista Marisa Raja Gabaglia para a "UH Revista", suplemento do jornal *Última Hora*.[1]

– O que você mais queria na vida? – perguntou Marisa.

– Uma moto, conhecer a Califórnia...

– Como é que você vê os ricos?

– Grã-finada. Bons, mas pães-duros. Querem estar nas rodas boas, mas não podem porque são infelizes. Têm dinheiro, mas não sabem gastar. Tristes.

No mesmo ano da entrevista, o francês Stephan Segonzac fez no Rio o primeiro voo livre do país, decolando do morro do Corcovado. O esporte, que usa asa-delta, imediatamente chamou a atenção de Marco. Depois de algumas poucas lições, ele se tornou um dos trinta primeiros a praticar voo livre no Brasil ao decolar da Pedra Bonita e pousar, como se faz até hoje, na praia do Pepino, em São Conrado. Foi também nessa época que experimentou maconha pela primeira vez, no Arpoador. Diria, mais tarde, que fumar um baseado era um combustível perfeito para o voo livre.

De praticante amador do esporte, passou logo a instrutor informal, mesmo sem ter a autorização exigida pelas autoridades. Marco ainda se gaba de ter tido entre seus "aprendizes" Pedro Paulo Guise Carneiro Lopes, o Pepê (1957-1991), que se tornaria campeão mundial de voo livre em 1981. Curumim dedicou-se com tanto afinco ao esporte que, em 1979, sua equipe venceu o Campeonato Pan-americano de Voo Livre, em Bogotá. No ano seguinte, ele sofreu o primeiro grande acidente, em uma área montanhosa cheia de pedras, onde a asa-delta ficou presa, a 500 metros de altura. O resgate exigiu dois helicópteros da Polícia Militar.

Foi nesse período que Marco se tornou amigo do filho de um importante empresário carioca, com negócios na Zona Sul e na então isolada Barra da Tijuca. Antônio (nome fictício) o levava em viagens que fazia e até patrocinou a compra de uma asa-delta para ele. Os dois gostavam de surfe, voo livre e longas conversas. Foi para Antônio que Marco estreou como "mula", comprando cocaína para o amigo na favela da Rocinha. Aos poucos, passou a vender a droga por conta própria a pessoas conhecidas.

Marco começou a levar, então, duas vidas: a de esportista, como instrutor de voo livre e participante de campeonatos, e a de pequeno traficante. Nunca abandonou a primeira, mas gostava cada vez mais da segunda.

Foi na Holanda que o brasileiro descobriu como ganhar mais dinheiro. Em 1987, em um *coffee shop* de Amsterdã, foi apresentado ao skunk, versão modificada da maconha. Enquanto um cigarro de maconha tem de 3% a 4% de THC (tetra-hidrocanabinol, substância que age no sistema nervoso central), o de skunk possui 40%. Isso amplia os efeitos alucinógenos da droga, assim como os riscos de dependência.

Marco conta que ele foi o primeiro a traficar skunk para o Brasil. Esperava o *coffee shop* fechar as portas para os consumidores

Fachada do prédio em Amsterdã onde Marco Archer costumava ficar; o local fica próximo ao Museu Van Gogh.

Coffee shop em Amsterdã onde Marco se encontrava com seus contatos para o tráfico de drogas.

comuns e comprava a droga diretamente do fornecedor por 3 mil dólares o quilo. Revendido no Rio de Janeiro e em São Paulo, o mesmo quilo lhe rendia 20 mil dólares.

A fim de driblar os aparatos de fiscalização dos aeroportos, ele comprou uma máquina de raio X semelhante à usada nas alfândegas. Instalou-a na sala do apartamento onde morava em Amsterdã, próximo ao Museu Van Gogh, para testar se a droga de fato passaria invisível pelo raio X do aeroporto. Depois, adquiriu dezenas de pequenas caixas de som, nas quais escondia os sacos com skunk.

Marco fazia-se passar por um bem-sucedido instrutor de asa-delta que viajava o mundo para praticar seu esporte predileto, fosse na Ásia, na Europa ou no Brasil – o que, afinal, ele também fazia. No entanto, para não correr o risco de traficar a droga sozinho, recrutou "mulas" em cidades brasileiras, que ganhavam até 2 mil dólares por viagem. (Na prisão indonésia, ele se gaba de nenhuma "mula" a seu serviço ter sido presa.) O negócio durou cerca de dez anos. A clientela, segundo ele, era formada por empresários e pessoas do meio artístico no eixo São Paulo-Rio de Janeiro.

Apesar de comandar um negócio que movimentava milhares de dólares, Marco era incapaz de juntar dinheiro. Gastava tudo em festas, jantares, mulheres, roupas, relógios – a marca Rolex era sua preferida – e viagens, como para fazer um curso de chef em Lausanne, na Suíça, ou passar uma temporada em uma estação de esqui na Áustria com diárias caras. A despeito da vida de playboy, tentava não exibir sinais excessivos de riqueza – e continuava circulando pelas ruas do Rio com um velho Fusca.

O vaivém entre Brasil e Holanda, entretanto, chamou a atenção das autoridades. Marco passou a ser perseguido por policiais, que em 1988 planejaram um cerco em Ipanema para capturá-lo: eles suspeitavam de seu envolvimento com Luizinho do Pó, traficante internacional responsável pela "Conexão Havaí", operação do tráfico que inscrevia esportistas em campeonatos de surfe e asa-delta no exterior, a fim de fazê-los transportar cocaína escondida em pranchas e tubos de asa-delta. Marco fora apontado como parceiro de Luizinho por outro participante da operação, no decorrer das investigações. Até hoje, porém, não existem provas de relações suas com o traficante, que ficou cinco anos preso, virou pastor evangélico com o nome de Luiz Carlos Leite e hoje dá palestras sobre o poder regenerador da religião.

Em sua primeira busca, os policiais foram à praia de Ipanema conversar com surfistas e praticantes de asa-delta. Como não tinham uma foto de Marco e ignoravam sua aparência, recorreram a pessoas na praia para identificar o suspeito. Aproximaram-se de um homem encostado na mureta que separa a praia do calçadão.

– Cadê o Curumim?

– Tá ali – apontou o sujeito, indicando um rapaz na praia.

Havia dois praticantes de asa-delta no Rio conhecidos como Curumim: Marco Archer era o Curuminzão; o outro, o Curuminzinho. Quem tinha respondido aos policiais era Marco Archer. Assim que os agentes deram as costas, ele entrou em seu Fusca e fugiu. Como ele próprio conta, envaidecido, esse foi o seu primeiro sumiço a la David Copperfield.

Dias depois, policiais bateram à porta da casa de um amigo na Barra da Tijuca, onde Marco se escondia. Sabendo que desconheciam sua aparência, ele respondeu que Curumim estava na casa de sua mãe, em Ipanema. Assim que a polícia deixou o local, ele ligou para Carolina Archer e a instruiu a dizer que o filho acabara de sair. Foi exatamente o que ela fez. Incrédulos, porém, os agentes pediram para revistar a casa e depararam, no quarto dela, com uma foto do filho: era o mesmo sujeito com quem haviam conversado minutos antes. Incapaz de manter, agora, o anonimato para a polícia, Marco fugiu para Amsterdã. Segundo seus amigos, permaneceu durante anos entre a Europa e o Rio de Janeiro, de onde escapava às pressas sempre que achava que corria riscos.

Ironicamente, Marco apareceria nos registros policiais do Brasil somente depois de estar encarcerado na Indonésia. Em 2004, uma operação da Polícia Federal de Santa Catarina prendeu jovens brasileiros que usavam mulas para exportar cocaína para a Ásia e importar skunk da Holanda para o Brasil. Um dos detidos estava em regime de delação premiada, sob o qual o suspeito colabora com as autoridades em troca da redução da pena, e citou Marco Archer como um dos precursores da chegada do skunk ao país. O delegado responsável pela investigação, Fernando Caieron, disse que Marco, por estar preso na Indonésia, nem sequer começou a ser investigado.[2]

Foi no final dos anos 1980 que Curumim descobriu a Indonésia. Primeiro, surfou em Bali. Depois, fez contatos que lhe mostraram como poderia ser lucrativo vender no país asiático a cocaína trazida da Holanda. E foi o que fez, usando como "disfarce", novamente, sua profissão de instrutor de voo. Ele até abriu uma loja na ilha, onde vendia voos duplos de parapente, para que os turistas apreciassem a vista idílica das falésias e do mar. Também ali, passou por um dos piores momentos de sua vida, antes da condenação à morte.

Em um dia claro de maio de 1997, decidiu fazer um voo de parapente, planador que é um híbrido de asa-delta e paraquedas. Sua intenção era aprender a pilotar o aparelho para ganhar dinheiro com voos duplos, em que o instrutor leva um turista de carona, a 100 dólares por passeio à época.

O parapente, porém, requer muito treino, mesmo para pilotos de asa-delta com bastante experiência, e Marco não tinha nenhuma prática nessa nova modalidade. Poderia ter voado com um instrutor, mas não quis, apesar do conselho de amigos.

Com alguns espectadores a observá-lo da praia de Timbis, na península de Bukit, Marco correu sobre uma falésia de cerca de 80 metros de altura, fez o parapente inflar e decolou. Depois de um início suave, um vaivém entre as nuvens, muito confiante, ele começou a fazer rasantes sobre a praia, a fim de divertir os amigos. De súbito, o parapente fez movimentos que assustaram as pessoas: instável, passou a girar descontrolado em torno do próprio eixo, perdeu altura e mergulhou no espaço, rumo ao chão.

Marco se viu em um *full stall*, fenômeno em que o paraquedas se esvazia e, em consequência, faz o parapente perder sustentação e se fechar em volta do piloto. É uma das primeiras lições para novatos no esporte: nunca puxe os freios em demasia, a fim de não produzir um *full stall*. Antes de serem liberados para voar sozinhos, o que só acontece após dez aulas ou mais, os alunos simulam a manobra sobre rios ou represas. Curumim não sabia dessa regra e tombou no chão de uma altura de 30 metros.

O empresário Felipe Saboya, o Tipe, morador de Bali e amigo de Marco, assistiu à cena da praia e foi um dos primeiros a correr para socorrê-lo. Encontrou-o desacordado, com fraturas expostas no tornozelo esquerdo e no fêmur direito, e a bacia quebrada. Também estava sem batimentos cardíacos. Instintivamente, Felipe deu um soco no meio do peito de Marco, e o coração voltou a funcionar.

Embora necessitasse de atendimento imediato, Marco foi levado para o hospital público Sanglah, a 16 quilômetros da praia de Timbis, aonde chegou cerca de quarenta minutos depois. Foi encaminhado à unidade de terapia intensiva (UTI), mas, como não havia leito disponível, só conseguiu uma vaga doze horas mais tarde.

O pronto-socorro do Sanglah se assemelha aos congêneres brasileiros: é apinhado de pacientes, que esperam por atendimento em cadeiras puídas. Ser atendido em hospital público na Indonésia é um dos maiores receios de estrangeiros, embora a Organização Mundial de Saúde avalie o serviço, de maneira geral, como adequado.

Na época, quem tinha recursos ia se tratar em Cingapura, ilha vizinha com metade do tamanho da cidade de São Paulo, a 1.700 quilômetros de Bali. Foi para onde levaram Marco,

Hospital Sanglah, em Bali, primeiro lugar para onde levaram Marco depois de seu acidente com parapente, em 1997.

graças ao empenho do empresário carioca Guilherme Gama, seu amigo, que reuniu doações e dinheiro do próprio bolso para contratar um táxi aéreo e os serviços de uma UTI móvel ao custo de 26 mil dólares.

Ao ser levado para o jatinho-ambulância, Marco respirava por aparelhos. No voo de duas horas e meia entre o aeroporto de Ngurah Rai e o de Changi, em Cingapura, sofreu outra parada cardíaca. Quando o avião aterrissou, foi levado diretamente para o Singapore General Hospital, a maior unidade hospitalar do país e um dos principais hospitais-escola do mundo. O estado de saúde do brasileiro, segundo um de seus amigos, era desesperador.

Em Cingapura, passou por cirurgias para colocar pinos na bacia e no fêmur e para reconstituir o intestino, que havia sido perfurado. Os médicos constataram que as duas paradas cardíacas interromperam o fluxo de oxigênio para o cérebro por alguns instantes e poderiam deixar sequelas – deficiência cognitiva, por exemplo. Ele nunca mais seria o mesmo. A boa notícia dada pelos médicos foi a de que o preparo físico de Marco talvez pudesse ajudar na sua recuperação. Nenhuma vértebra fora atingida e, apesar da gravidade das lesões e do longo tempo de convalescença pelo qual ele precisaria passar, não corria o risco de perder os movimentos das pernas e dos braços.

Surgiu um novo problema para Marco: seu seguro-saúde não cobria o atendimento no hospital de Cingapura. Entre seus pertences em Bali, os amigos encontraram 20 mil dólares, que foram entregues à instituição, mas a quantia era insuficiente para pagar as despesas. A conta chegava a 55 mil dólares, montante que ele não tinha. O hospital foi taxativo: ou pagava o que devia ou teria de concluir sua recuperação fora dali. Àquela altura, seu tornozelo esquerdo ainda requeria uma cirurgia reparadora.

Foi preciso transferi-lo para o Rio. Em julho de 1997, e-mails começaram a espocar em um grupo de discussão na internet sobre voo livre com o propósito de amealhar dinheiro para o retorno do brasileiro. A iniciativa deu certo. Marco chegou ao país com cerca de 60 quilos, 24 a menos de seu peso normal, uma aparência esquelética, sulcos no rosto e o corpo alquebrado – pouca coisa nele lembrava o vigoroso instrutor de voo livre. Também não podia andar, em razão do tornozelo fraturado. Só voltaria a fazê-lo quase dois anos depois.

No Rio, Marco passou a depender de favores dos amigos para sobreviver, pois não tinha como trabalhar – nem com as aulas de voo livre nem com as drogas. Sem ter como se sustentar, teve de abandonar a vida glamorosa que levava antes. Converteu-se em um homem amargo e irritadiço.

A mudança de humor não foi causada apenas pelos problemas materiais por que passava. Marco começou a cheirar cocaína intensamente, como nunca fizera – logo ele, uma pessoa para quem a droga era trabalho, não prazer, como observariam os amigos. "Cocaína traz carma ruim", diz uma máxima difundida entre surfistas.

A cocaína também seria a causa de uma nova desgraça na família de Marco: em 1999, seu irmão, Sérgio, foi diagnosticado com aids, possivelmente transmitida por seringas compartilhadas durante o consumo de droga. Viciado, Sérgio era visto em festas misturando AZT (azidotimidina, medicamento para o tratamento da aids) com uísque. Em 2000, morreu de overdose.

No mesmo ano, Marco sofreu outro baque. A Associação Brasileira de Voo Livre (ABVL), da qual era membro desde a fundação, o expulsou por envolvimento com cocaína e com o tráfico de drogas no passado. "Quando soubemos de seu envolvimento, nos afastamos, e a associação resolveu desfiliá-lo", diria Bruno Menescal, presidente da ABVL, em 2004, em entrevista ao jornal O *Estado de S. Paulo*.[3]

Cobranças começaram a chegar à casa de Carolina Archer: era o hospital de Cingapura exigindo o pagamento da dívida de 35 mil dólares. Marco temia que o calote interferisse na obtenção de visto para a Indonésia – forte parceiro comercial de Cingapura –, para onde fazia planos de voltar tão logo estivesse recuperado do acidente.

No início de 2003, o ânimo de Marco começou a mudar. Bem-humorado, ele reapareceu para encontrar os companheiros e prometeu, enigmático, "dar a volta por cima". Fisicamente, aparentava estar mais saudável, tendo recuperado o peso de antes, 84 quilos. Para a mãe, contava apenas que voltaria à Indonésia e tentaria obter dinheiro para abrir um café.

A razão do bom astral foi um plano articulado com dois sócios, Carlos e Pedro, para comprar 8 mil dólares em cocaína e revendê-la por 2,7 milhões de dólares em Bali. Marco julgava ser capaz de entrar na Indonésia com a droga escondida e levá-la para Bali. De olho na parte que lhe caberia, cerca de 2 milhões de reais, ele se propôs a retirar a droga diretamente de um grande fornecedor no Peru.

Foram três as razões que levaram os sócios a eleger a Indonésia para o negócio milionário. Em primeiro lugar, porque Marco conhecia muito bem o país. Em segundo, porque ele tinha contatos em Bali para revender a droga. Por fim, porque poucos ousavam ir com drogas para esse país com pena tão severa para os traficantes, e, por isso, elas valiam muitas vezes mais do que em outros lugares. Em 2004, o grama de cocaína custava 107 dólares na Indonésia e cerca de 6 dólares no Brasil, segundo dados da ONU. O lucro, assim, parecia proporcional ao risco.

Em julho, Marco pegou a asa-delta, que lhe serviria de justificativa para entrar nos países como instrutor e adepto do voo livre, e seguiu para Lima, no Peru. Com dois dias livres antes de se encontrar com o vendedor, visitou as ruínas de Machu Picchu e Chicama, "onde tem a onda mais perfeita do mundo".

Depois, foi de carro para Trujillo, no norte do país, até chegar ao hotel combinado para retirar a droga.

No quarto do hotel, Jaime, seu contato peruano, contou o dinheiro e lhe entregou os 29 sacos pretos com 15 quilos de cocaína, que foram acondicionados nos tubos da asa-delta. Marco achava que cabiam mais 35 quilos pelo menos. Jaime, entretanto, argumentou que a asa ficaria muito pesada e isso chamaria a atenção da polícia. De Trujillo, o brasileiro pegou um ônibus para Iquitos, cerca de 200 quilômetros adiante, na Amazônia peruana.

Iquitos é uma das rotas de entrada de cocaína no Brasil, apontou um relatório de 2005 do UNODC, o escritório da ONU sobre drogas e crime. De barco, são necessárias dez horas para

Porto em Manaus no qual Marco Archer desembarcou depois de comprar cocaína no Peru. Ele ficou alguns dias na capital amazonense e, em seguida, embarcou para Amsterdã.

chegar a Tabatinga, a cidade brasileira mais próxima, no extremo sudoeste do Amazonas, com um posto da imigração no meio do caminho. Com seu inseparável book de instrutor de asa-delta, Marco explicou aos policiais de fronteira que fora voar no Peru e estava voltando pelo Amazonas porque pararia em Manaus para visitar parentes.

Encravada na fronteira do Brasil com Peru e Colômbia, Tabatinga também serve de polo ao tráfico. Ao chegar lá, Marco tomou outro barco rumo a Manaus, pois não há ligação entre as duas cidades por terra. Foram três noites e quatro dias de viagem pelo rio Solimões, recortando a selva amazônica em uma embarcação de três andares, sem garantia de colete salva-vidas para todos e na qual a maior parte dos 190 passageiros precisa dispor de rede de armar própria se quiser dormir. Em uma noite, uma embarcação se aproximou e iluminou o convés com holofotes – era uma blitz da Polícia Federal brasileira. Marco nem sequer foi revistado.

Ele desembarcou em Manaus com a asa-delta a tiracolo, ficou dois dias na casa da avó, Maria de Lourdes, e voltou para o Rio, onde tomou o voo para Bali, via Amsterdã. Tinha plena confiança de que passaria facilmente pela alfândega indonésia e entraria em Bali com a droga. Sentado na primeira classe do voo da KLM, avistou pela última vez a paisagem brasileira.

A ilha do medo

Para quem a avista de longe, vindo do continente, Nusakambangan ("ilha flutuante", em bahasa) parece abrigar apenas a selva densa e muito verde. Mas é ali, em meio à mata, distantes umas das outras alguns poucos quilômetros, que se encontram sete prisões onde estão trancafiados aqueles que a Indonésia condenou por terrorismo, assassinato, corrupção e tráfico de drogas. Foi nesse lugar isolado, a 430 quilômetros de Jacarta, conhecido como a "Alcatraz indonésia", que Marco esperou, por mais de sete anos, a morte chegar.

No início do século XX, Nusakambangan era usada como colônia de trabalho forçado e, nos anos 1940, como presídio para opositores dos colonizadores holandeses. Hoje, além dos condenados, vivem ali cerca de duzentas pessoas, sobretudo pescadores. Chega-se à ilha a partir do porto de Cilacap (pronuncia-se "Tilachap"), cidade de aproximadamente 200 mil habitantes, cortada por avenidas muito amplas, com pouco movimento, que os moradores cruzam sem pressa. Nelas, o único ruído é o das motocicletas e scooters, que às vezes transitam com três pessoas a bordo. Além desses veículos, Cilacap tem uma profusão de *becaks* ("bechás"), bicicletas com cabine adaptada

Rua do centro comercial de Cilacap, cidade na Indonésia por onde se chega à ilha de Nusakambangan, local da execução do brasileiro.

para levar até dois passageiros, mais o condutor – em outras paragens são conhecidas como riquixás. Os motoristas de *becak* estacionam principalmente diante dos dois hotéis da cidade, que vivem às moscas, e oferecem passeios ao custo de 20 mil rúpias (pouco mais de 1,5 dólar). Com tantos recursos de transporte, Cilacap conta apenas com três táxis.

Quase não se fala inglês ali, o que exige do visitante o emprego de muita mímica para se fazer compreender, seja na hora de contratar um *becak*, seja no momento de comprar um lanche no KFC, a única cadeia internacional de fast-food instalada na cidade. A população, contudo, é acolhedora. Meninos de bermuda e gravata e meninas de saia rodada saúdam os forasteiros com um *"Hey, mister!"*, e um aceno do visitante provoca sorrisos envergonhados e comentários. Faz muito calor e o clima é úmido e abafado, como no restante da Indonésia. Apesar disso, algumas pessoas usam jaqueta pesada e roupas escuras. A estação de trem, construção antiga, limpa e bem conservada, é o principal elo de conexão com o restante do país. O aeroporto, dizem na estação, está desativado. Pontualmente às seis e meia da noite, um trem sai em direção a Jacarta e outro chega, depois de uma jornada de oito horas à margem de campos de arroz. Por 180 mil rúpias (quase 15 dólares), compra-se uma passagem de classe executiva do Purwojaya Express, que dispõe de ar-condicionado, televisão, poltronas estofadas reclináveis, cobertor e serviço de bordo, com sanduíches e pratos locais entregues em embalagens de isopor. A classe econômica tem bancos duros, com encosto de ferro, e é bastante barulhenta, lotada de passageiros que carregam de tudo, até mesmo animais.

A presença de estrangeiros é algo corriqueiro em Cilacap, por causa das prisões em Nusakambangan. Em parte, a cidade se estruturou para atender às demandas do complexo carcerário: tem ao menos cinco bancos e igual oferta de agências Western Union, nas quais é possível fazer transferência internacional de dinheiro. O porto local é para onde os estrangeiros invariavelmente se dirigem de segunda a quinta-feira, os dias de visita aos detentos; trata-se da única forma de chegar às prisões. Às sextas-feiras, dia sagrado para os muçulmanos, as visitas são suspensas, assim como nos fins de semana. No porto, dezenas de mulheres carregam sacolas e caixas com mantimentos e roupas, como que preparadas para uma mudança. Na expectativa de reverem o marido ou namorado, elas se arrumam como se

Posto de controle no porto de Cilacap, no qual os visitantes têm de deixar cópia do passaporte antes de tomar a balsa para as prisões de Nusakambangan.

estivessem indo para uma festa, com sapatos de salto alto, calça justa, maquiagem carregada e perfume adocicado. Antes da área de embarque no porto de Cilacap, há uma pequena sala sem portas, onde visitantes deixam com três guardas a cópia do passaporte e da autorização para adentrar Nusakambangan, concedida pela direção da cadeia que pretendem visitar.

Os passageiros se dirigem para a balsa Pengayoman II, que parte às nove em ponto rumo à entrada da ilha, distante 2 quilômetros em um estreito no oceano Índico.

Dez minutos depois da partida, a Pengayoman ("égide", em bahasa) atraca no porto, onde um cartaz anuncia, com letras garrafais, a entrada no complexo prisional. Em uma guarita, os guardas exigem dos visitantes outra cópia do passaporte e da autorização de visita, antes de eles entrarem no micro-ônibus que os distribuirá pelos sete presídios da ilha.

A balsa Pengayoman II, uma das que, em agosto de 2010, levavam as pessoas de Cilacap para a ilha de Nusakambangan, onde fica a prisão de Pasir Putih.

O veículo não tem ar-condicionado, o que o transforma em uma sauna, mesmo com as janelas abertas. Um rapaz de chinelos e agasalho esportivo grená cobra dentro do ônibus a passagem de 15 mil rúpias (aproximadamente 1,2 dólar). Prisioneiro em via de ser solto, ele obteve autorização para fazer esse trabalho, o que lhe permite juntar dinheiro para quando estiver livre.

O ônibus segue por uma estradinha de mão dupla que mal comporta dois carros. No caminho, passa-se por um vilarejo construído para os guardas que ali trabalham, composto de casas térreas de aspecto sujo, com tijolos à mostra e certo ar de abandono. Ao longo do caminho, os visitantes são deixados nas diferentes prisões, até que, vinte minutos depois da partida, o ônibus para diante de um prédio cinza-claro, com aparência de novo, onde se lê: "Lapas [prisão] Pasir Putih".

Classificada como "prisão de supersegurança máxima", Pasir Putih é a mais segura unidade prisional da Indonésia, segundo a ONU. Foi construída com o apoio dos Estados Unidos e da União Europeia, e inaugurada em junho de 2007. Tem capacidade para 336 presos, mas no segundo semestre de 2010 havia ali cerca de 260 criminosos, na maior parte grandes traficantes de drogas, condenados à morte ou não. Um terço dos detentos era formado por estrangeiros.

O ruído intermitente das ondas contra as pedras sinaliza que o mar está próximo de Pasir Putih, daí o nome do presídio, que significa "areia branca" em bahasa. A recepção é asséptica, parecida à de um consultório de dentista, com azulejos creme, relógio de parede, cadeiras de plástico e uma TV de 14 polegadas. Um mural contém fotografias do dia a dia da prisão: guardas enfileirados, oficiais abraçados, ora sorridentes, ora sérios, e presidiários com uniforme de futebol em pose de final de campeonato – "eis o time dos detentos durante um torneio interprisões", explica a legenda da imagem.

Sete barreiras separam o mundo exterior da área onde estão os presos. Há muros de 5 metros de altura feitos de arame e aço, paredes de 50 centímetros de espessura e um fosso. Bloqueadores de sinal de celular circundam a prisão e um circuito interno de TV monitora os prisioneiros 24 horas. Visitantes são sempre revistados e podem ser obrigados a tirar a roupa em uma sala anexa; celulares e aparelhos eletrônicos devem ser deixados em um armário. Até um ministro de Estado da Indonésia já teve de se submeter à revista, registrou o *Jakarta Post*.[1]

O apregoado rigor do local termina aí. Na sala que antecede a entrada na prisão, um aparelho de raio X e um detector de metal não funcionam. Dois guardas limitam-se a olhar superficialmente as sacolas que os visitantes carregam e, depois, abrem uma porta de ferro de 1,50 metro, que obriga os mais altos a baixar a cabeça ao passar por ali. Duas mulheres entram com telefones celulares e aparelhos eletrônicos, o que é proibido.

Os visitantes são encaminhados para uma sala de piso de cerâmica cor de gelo e bancos de madeira sem encosto, como aqueles usados para piquenique em parques públicos. A sala fica de frente para a área social do presídio, composta de duas quadras esportivas – uma de tênis, outra de vôlei e basquete –, um pequeno campo de futebol com grama aparada e uma mesquita. Observado dali, da área social, o lugar não tem nada que lembre uma prisão.

Arrastando a perna, um homem de bermuda e camisa azul-clara esgarçada cruza com certa dificuldade o campo de futebol. Usa sandálias tipo Rider e meias. Aproxima-se. Tem cabelos ralos e olhar desconfiado. Cumprimenta outros presos com a cabeça e puxa uma cadeira, sentando-se do lado de fora da sala de visitas, onde faz menos calor.

– Aqui dentro tem muito curioso – diz ele.

A um colega, pede um cigarro.

– Eu sempre tive horror a cigarro – conta –, mas acabei me viciando na cadeia.

Esse homem era Marco Archer, que chegou a Pasir Putih em 2007, quatro anos após ser preso, e que encontrei pessoalmente pela primeira vez nessa visita ao presídio em 18 de agosto de 2010.

Faltavam-lhe vários dentes na parte superior da boca, o que fazia com que sua fala às vezes ficasse incompreensível. Ele os perdera no acidente de 1997 e os substituíra por próteses de titânio, que, sem manutenção adequada na cadeia, caíram. Com o tempo, incorporou um movimento característico de quem não tem dentes, movendo a mandíbula para cima repetidas vezes. Também em razão do acidente, a barriga e as pernas carregavam cicatrizes.

Além de estar fisicamente debilitado, ele havia se tornado usuário frequente de shabu-shabu, droga que domina as prisões indonésias. Um grama de shabu-shabu custava 30 dólares tempos atrás. Em 2010, seu preço era 130 dólares (em torno de 1,2 milhão de rúpias), um valor muito maior que o cobrado nas ruas – cerca de 19 dólares, segundo estudo da ONU.[2] Cheirado tal qual o crack, o shabu-shabu é capaz de deixar o usuário insone e alerta por um dia inteiro. Quando não podia comprar a droga, Marco pedia aos colegas. "Às vezes a máfia fornece de graça", contou ele.

A primeira reação dos condenados à morte na Indonésia é se sentirem culpados, arrependidos ou apavorados, apontou um estudo de Anita Nugraheni,[3] da Faculdade de Psicologia da Universidade Muhammadiyah Surakarta, localizada na cidade de Surakarta, a 560 quilômetros de Jacarta. Em seguida, eles buscam outras maneiras de enfrentamento: tornam-se agressivos, refugiam-se na religião ou simplesmente são tomados por total desânimo.

Marco passou por todas essas fases. Seus colegas no presídio disseram que, embora ele não fosse religioso, tentou se converter ao Islã, mas não foi em frente. Se alguém o encontrasse fora da prisão de segurança máxima, talvez estranhasse sua aparência maltratada e desleixada, porém não ousaria dizer que ele estava no corredor da morte. Risonho, agitado, contador de piadas, Marco achara um modo de sobreviver a sua tragédia: alienara-se. Segundo uma pessoa de sua família, ele havia construído uma espécie de fortaleza em torno de si para aparentar resistência. Quando se sentia triste, costumava usar o telefone para falar com amigos e parentes. Acabou se adaptando à vida em uma cela de 20 metros quadrados, em que dormia ora em uma rede suspensa, ora no chão. Tinha um aparelho de televisão e uma panela em que cozinhava arroz. Fazia a própria comida, com ingredientes que adquiria graças ao dinheiro que um familiar lhe enviava todos os meses. Raramente recebia visitas. Contam-se nos dedos as pessoas que foram visitá-lo em Pasir Putih.

Amigos da comunidade brasileira em Bali, a 800 quilômetros dali, com quem manteve relação por anos, falavam com Marco apenas por telefone.

Na prisão, ele convivia com outros dois brasileiros, Rodrigo Muxfeldt Gularte e Rogério Paez. O primeiro, paranaense, filho de uma família abastada, foi preso, aos 31 anos, em 2004, um ano depois de Marco, com 6 quilos de cocaína escondidos na prancha de surfe. Uma investigação da Polícia Federal constatou que ele havia sido mandado como mula para outro traficante brasileiro que atuava em Bali. Ao chegar ao aeroporto de Jacarta, estava com dois amigos, mas só ele foi detido, pois assumiu o crime sozinho. Em 2005, também foi condenado à morte. Mais tímido e introspectivo do que Marco, Rodrigo apareceu rapidamente para me cumprimentar naquela quarta-feira, 18 de agosto de 2010, em que visitei a prisão. Contou-me que passava os dias lendo e pesquisando sobre assuntos de seu interesse, como ecologia. Ele e Marco não costumavam se falar muito.

Mais próximo de Marco era Rogério, carioca como ele, que foi solto em 2011, depois de passar oito anos atrás das grades, acusado de entrar na Indonésia com 3,8 gramas de haxixe, quando tinha 47 anos. Os dois eram velhos conhecidos de Bali. Reencontraram-se em Pasir Putih. Rogério vive hoje em Niterói, no Rio de Janeiro, com a mãe.

No distante presídio, um dos melhores amigos de Marco era Juri Angione, o rapaz italiano que, para ajudar na defesa do brasileiro, tentou entrar com cocaína na Indonésia. Preso em flagrante em Jacarta, ele, porém, não foi condenado à morte. Cumpria pena de vinte anos de prisão e, graças à remissão, foi libertado em 2014.

Marco fora praticamente adotado pelo pai do italiano, Giuseppe, um ourives que abandonara tudo para ficar perto do filho, mudara-se para Cilacap e em 2010 visitou-o praticamente todas as semanas, algo que só acontece com familiares indonésios. No dia em que estive na prisão, ele se despediu de Juri com um abraço apertado e, no ônibus de volta ao porto, chorou muito. Tinha sessenta anos, mas aparentava ser mais velho. Uma expressão de tristeza dominava seu semblante.

Carolina Archer, mãe de Marco, em janeiro de 2010; ela morreria meses depois, vítima de câncer.

Precisava retornar a Orbetello, sua cidade natal, e só voltaria a ver o filho dali a três meses. O reencontro, porém, não ocorreu, pois Beppe morreu de câncer em 2011. O apoio de Juri passou a ser sua mulher, uma cidadã indonésia, com quem se casou na prisão. Quando ele foi solto, ambos se mudaram para a Itália.

A mãe de Marco, Carolina, teve destino semelhante ao de Giuseppe. Faleceu em 2010, vítima de câncer no estômago. Marco reagiu assim à notícia: "Minha mãe fez *check-out*".

Quando o visitei para entrevistas em Pasir Putih, Marco parecia tomado pela indiferença e pela incredulidade, sentimentos que certamente surgiram em decorrência dos padecimentos de anos na prisão. Ao falar de sua trajetória, porém, ele se transfigurava. Não parecia mais o sujeito combalido diante de mim, mas um homem vibrante e orgulhoso de sua coragem e de suas audácias. Atendendo a um pedido seu, em um dos dias de visita, levei asas de frango congeladas, que Marco fritou na cozinha da prisão e compartilhou comigo e alguns colegas. Estavam bastante saborosas. "Fiz curso de chef na Suíça, como hobby", contou ele.

Amigos e familiares costumam levar mantimentos e alimentos para os presos. Tudo é revistado, e assim também ocorreu com meu pacote de comida. As visitas duram duas horas e meia, entre 10h30 e 13h, e tanto os detentos como os visitantes têm livre acesso às áreas de circulação, inclusive a cozinha, o que é uma oportunidade para almoços coletivos. Naquele dia em que levei asas de frango para Marco, o pátio e os corredores cheios lembravam mais um colégio na hora do recreio do que uma prisão de alta segurança.

Por mais que a tecnologia e as regras tentem impedir, tudo é possível dentro da prisão de Pasir Putih – desde que se tenha dinheiro para pagar. Os presos falam ao celular, usam notebook, acessam a internet dentro das celas, têm TV a cabo, estabelecem mercado paralelo de venda de alimentos, compram comida reservada aos funcionários e consomem e negociam drogas.

Os celulares, a internet e a TV a cabo funcionam graças a antenas semelhantes a caniços de pesca que são colocadas por entre as grades, nos buracos das janelas, e ficam acima dos bloqueadores de sinal. Pagam-se à polícia de 300 a 800 dólares pelas antenas e 100 dólares pela "mensalidade" de TV a cabo, segundo relato dos prisioneiros. Potentes, os sinais de internet e TV a cabo chegam até celas vizinhas. Foi assim que Marco assistiu à Copa do Mundo de Futebol de 2014.

Graças a essa situação, John (nome fictício), um dos detentos de Pasir Putih, hoje em liberdade depois de cumprir pena, trocou comigo alguns e-mails de dentro de uma das celas. Em 2010, ele colocou 110 dólares em um envelope e entregou para o diretor da prisão, que levou o notebook até ele. Porém, no final do mesmo ano, a direção do presídio mudou e, durante uma inspeção nas celas, o computador foi recolhido pelos guardas. Poucos meses depois, em março de 2011, John recomprou o aparelho, o que lhe consumiu mais 200 dólares.

O telefone celular, disseminado entre os presos, é o mais barato dos "benefícios". Para conseguir que um aparelho entre na cadeia, o prisioneiro gasta entre 5 e 10 dólares – prática que já estaria "oficializada", conta John. Basta, então, comprar créditos para manter o celular em funcionamento. Os créditos de ligação são moeda na prisão, trocados por comida e drogas. Até armas brancas entram em Pasir Putih. "Prisão de segurança máxima? Olha isto", afirma o nigeriano Richard (nome fictício), outro detento, que, com discrição, exibe nas mãos um reluzente e afiado canivete, usado por ele como ferramenta e faca.

Tantas regalias só funcionam graças ao pagamento contínuo de propina aos policiais da prisão, gente com salário em torno de 2,5 milhões de rúpias mensais (cerca de 205 dólares), que vê nos estrangeiros uma chance para aumentar seus ganhos e, o que é melhor, fazê-lo em dólar. O pagamento costuma ocorrer sempre que há favores para os detentos.

Após a inspeção das prisões da Indonésia pelo Conselho de Direitos Humanos da ONU entre 10 e 23 de novembro de 2007, o relator especial Manfred Nowak escreveu que a erradicação da corrupção policial no país dependia de oferecer "salários e condições adequadas de trabalho para policiais e guardas prisionais".[4] Ele constatou que um diretor de prisão recebia 350 dólares na ocasião.

A corrupção nas prisões, afirma Nowak, é a mais preocupante de todas porque pode produzir um sistema discriminatório no interior dos presídios no que diz respeito ao acesso à comida, às condições sanitárias, ao tratamento médico e à possibilidade de receber ou não visitas. Em relatório concluído em 2009, a Anistia Internacional corroborou as críticas da ONU e caracterizou o sistema prisional indonésio como um receptáculo de "extorsão e propina".[5]

Quem manda em Pasir Putih não é a polícia, dizem os detentos, e sim a máfia formada por traficantes de drogas chineses, paquistaneses e nigerianos. Enquanto cumprem pena, eles controlam os negócios além das grades.

A máfia banca as antenas de celular e as TVs a cabo, além de subornar os guardas para fazer entrar na unidade o shabu-shabu, a droga número 1 do local e a segunda mais consumida em toda a Indonésia, depois da maconha.

A máfia mantém ainda um minimercado em uma das celas, que vende frango congelado, arroz e bebidas, entre outros produtos, tudo com a conivência dos policiais. O comércio é especialmente valioso porque as refeições fornecidas pelo presídio são insuficientes e de qualidade duvidosa, compostas em geral de arroz insosso, muitas vezes acompanhado de um único ovo, mais raramente de peixe, água quente de torneira e outros alimentos com aparência de estragados. "Nem cachorro come", reclamava Marco.

Nos últimos minutos da quinta-feira 26 de junho de 2008, holofotes iluminaram as ruínas de uma prisão abandonada na colina de Nirbaya, na ilha de Nusakambangan. As luzes estavam apontadas para duas cruzes de madeira, às quais foram amarrados os nigerianos Samuel Iwuchukwu Okoye, 37 anos, e Hansen Anthony Nwaolisa, 40, condenados à morte em 2001 pela mesma Corte Distrital de Tangerang que julgou Marco. Os dois foram detidos em flagrante no aeroporto Soekarno-Hatta, com 3,8 quilos de heroína, em janeiro de 2001. A sentença final foi dada em 2007, pelo Supremo Tribunal da Indonésia.

Por volta das onze e meia da noite, Samuel e Hansen deixaram a penitenciária de Pasir Putih em direção à colina em dois caminhões diferentes, escoltados pelo Destacamento 88, esquadrão antiterror que reúne a elite da polícia indonésia. Ao chegarem, foram encapuzados e, com cordas de borracha, amarrados nas cruzes com as mãos para trás. Uma única testemunha não pertencia ao staff do governo: o padre irlandês Charlie Burrows, que dava assistência espiritual aos prisioneiros em Cilacap e estava no local da execução a pedido de

Hansen. Segundo relato do clérigo ao jornal australiano *The Daily Telegraph*, ao beber dois copos de água, o condenado ouviu o guarda dizer que tanto líquido lhe causaria dor de barriga. "A última coisa com que estou preocupado é com dor de barriga", respondeu ele. "Vou estar morto em poucos minutos".[6]

Como estava amarrado, Hansen pediu ao padre que apanhasse em seu bolso um lenço, um relógio e 100 mil rúpias (11 dólares à época). Também solicitou que lhe tirasse os sapatos e os entregasse com os outros pertences a sua mulher. Um médico mandou Charlie afastar-se e colocou um pano preto no peito dos nigerianos, na região do coração, para facilitar a mira do pelotão de fuzilamento. Eram dois grupos de soldados, cada um com doze integrantes com fuzis empunhados e apontados para os alvos.

O número de soldados não era aleatório; está estabelecido em lei de 1964 a respeito da execução, que define ainda que eles devem ficar entre 5 e 10 metros de distância do alvo. Apenas algumas das armas são carregadas, de modo que os guardas nunca sabem quem foi de fato o responsável pela morte do condenado. Como havia dois prisioneiros na execução de 26 de junho de 2008, os tiros foram simultâneos.

Orientado a ficar 1 metro atrás do pelotão, Charlie ouviu a ordem para o grupo atirar. "Foi simples: um, dois, três e *bang*", contou o padre ao *Sydney Morning Herald*.[7] Samuel e Hansen morreram dez minutos depois dos tiros. Enquanto agonizam, com o corpo ensanguentado, o padre Charlie entoou um hino do século XVIII, "Amazing Grace", composto por um ex-traficante de escravos convertido ao cristianismo: "*Through many dangers, toils and snares/ I have already come./ 'Tis grace had brought me safe thus far,/And grace will lead me home"* [Por muitos perigos, labutas e armadilhas/ eu já passei./ E a graça (de Deus) trouxe-me salvo até aqui,/ E a graça me conduzirá/ ao meu lar].

Marco conheceu os dois executados. Ao saber do fuzilamento, teve medo de que sua hora também estivesse chegando. Mas o caminho do brasileiro seria mais longo.

Um longo caminho

A condenação à pena capital na Indonésia não implica que o sentenciado seja levado imediatamente ao cadafalso. As leis do país oferecem cinco chances de reverter a sentença, por meio de recursos à Corte de Apelação, à Suprema Corte (duas vezes) e, caso nenhum deles dê certo, dois pedidos de clemência ao presidente.

Marco entrou com o primeiro recurso menos de uma semana depois de condenado. Em 23 de agosto de 2004, dois meses após o julgamento, a Corte de Apelação decidiu manter a pena de morte. Argumentando que o brasileiro era réu primário, não tinha histórico criminal nem estava ligado a quadrilhas internacionais, a advogada Mona Lubuk fez nova apelação, dessa vez à Suprema Corte. A decisão saiu em janeiro de 2005: recurso negado. Dois meses depois, foi feito um novo pedido de reconsideração de pena. E a resposta não mudou: Marco permaneceria no corredor da morte.

O plano do brasileiro era converter a pena de morte em prisão perpétua e, passado algum tempo, pedir a redução para vinte ou quinze anos de detenção. Tratava-se de uma saída que, embora rara, tinha precedentes. Para que a diminuição da pena ocorresse, entretanto, seria preciso que houvesse atenuantes que, aos olhos da opinião pública, a justificassem, o que, no caso de Marco, era muito difícil, uma vez que ele havia sido flagrado com carregamento recorde de cocaína e ainda driblado a polícia local em uma fuga de duas semanas.

A possibilidade de Marco ser executado produziu um efeito devastador na vida de sua mãe. Carolina Archer tentava demonstrar força para não desanimar o filho e repetia para familiares e jornalistas uma explicação que se tornaria, para ela, uma espécie de mantra: Marco tinha feito besteira, mas não merecia morrer.

A sentença de morte repercutiu no Congresso brasileiro. Em 23 de março de 2005, o ex-oficial do Exército e deputado federal Jair Bolsonaro, então no conservador Partido da Frente Liberal (PFL) e hoje filiado ao PP (Partido Progressista), propôs, em requerimento ao presidente Luiz Inácio Lula da Silva, um "voto de louvor" ao presidente da Indonésia pela condenação: "Caso o senhor Marco Archer fosse traficante com atuação apenas no Brasil, ao agasalho da nossa benevolente legislação, poderia ao longo de sua atividade levar à desgraça centenas de famílias [...]. Tal execução não causará nenhuma comoção nacional, pois esse traficante não tem nada a oferecer à sociedade brasileira a não ser envergonhar ainda mais o Brasil no exterior".[1]

Em reação, seus colegas parlamentares na Comissão de Relações Exteriores e de Defesa Nacional se encontraram com o embaixador da Indonésia no Brasil, Pieter Taruyu Vau, para propor a substituição da pena. Nunca obtiveram resposta.

Em março de 2005, o presidente Lula enviou uma carta a seu colega indonésio evocando a boa relação entre os dois países e também apelando em favor de Marco. Na Justiça indonésia, todas as chances de recurso estavam esgotadas em 2005. Assim, restou ao brasileiro recorrer ao perdão do presidente Susilo Bambang Yudhoyono, militar durante a ditadura Suharto e favorável, como a maior parte dos indonésios, à pena de morte para traficantes de drogas.

Em 9 de fevereiro de 2006, o secretário de Estado Yusril Ihza Mahendra anunciou que Yudhoyono rejeitara o pedido de clemência. A execução passava a depender apenas do procurador incumbido de marcar a data do fuzilamento. Havia, entretanto, para Marco uma nova chance: o segundo e último pedido de clemência – mas, pelas leis indonésias, seria necessário esperar: ele só poderia ser endereçado ao presidente dois anos depois da primeira solicitação ter sido negada.

No Brasil, amigos e familiares se desesperaram ao ver a notícia da condenação na TV e nos principais jornais. Contudo, quando ligaram para Marco, este se mostrou tranquilo, quase indiferente: respondeu que ainda havia outros para morrerem antes dele. Um amigo de infância observou que seus parentes e conhecidos estavam mais aflitos do que o próprio condenado.

Em março de 2006, uma circunstância criminal imprevista fez surgir um lampejo de esperança: a indonésia Sri Lestari foi presa no aeroporto internacional de Guarulhos, em São Paulo, com 8 quilos de cocaína. Familiares e amigos de Marco sugeriram, então, ao governo brasileiro que propusesse à Indonésia uma troca de prisioneiros. Nunca receberam resposta. Sri, que confessou estar a serviço de um traficante nigeriano que conhecera em Jacarta, foi condenada a dois anos de prisão por tráfico de drogas. Em 2008, depois de cumprir a pena, retornou a seu país.

Nos bastidores, o governo brasileiro agia para oficialmente propor um acordo entre os países que permitisse trazer Marco de volta. O trato, discutido entre 2006 e 2007, foi recebido com otimismo pelos dois lados, porém nunca se formalizou. Yudhoyono não estava disposto a retroceder na política de combate a traficantes. Em 26 de junho de 2006, Dia Internacional contra o Abuso de Drogas e o Tráfico Ilícito, data estabelecida em 1987 pelo Escritório das Nações Unidas sobre Drogas e Crime, o presidente reafirmou sua posição sobre o problema: "Muitos pedidos de clemência relacionados a crimes de drogas têm sido submetidos a mim. Mas eu, pessoalmente, sinto que prefiro assegurar a segurança de nossas gerações mais jovens a conceder perdão aos que estão destruindo o nosso país".[2]

Era um momento de recrudescimento das execuções na Indonésia. Em 15 de agosto, Yudhoyono negou o segundo pedido de clemência a três cidadãos indonésios condenados seis anos antes por homicídio premeditado. Cinco semanas depois, eles foram executados.

Em 2008, a Embaixada do Brasil em Jacarta recebeu a notícia de que poderia dar início ao segundo pedido de clemência. Um diplomata e um oficial de chancelaria foram enviados a Pasir Putih para informar Marco. Assim relatou a embaixada ao Itamaraty, em telegrama enviado em março de 2008, a respeito das conversas mantidas entre os diplomatas e o prisioneiro: "O senhor Cardoso, que aparentava bom aspecto físico e boas condições emocionais, ao ser informado, disse que já estava esperando essa providência, pois considera a sua situação já sem expectativas. Ao ser alertado para o fato de que em ambos os casos (ausência do pedido inicial ou indeferimento do pedido de clemência) a sentença a que fora condenado, segundo as autoridades locais, seria levada a cabo, não demonstrou maiores preocupações, porque, segundo a sua avaliação, as execuções raramente se concretizariam".

Marco assinou o segundo pedido, ao qual ele mesmo pôde dar entrada, conforme um modelo de carta fornecido pelo governo indonésio. Os diplomatas alertaram ser "imperiosa a necessidade" de que o processo fosse "acompanhado juridicamente para uma melhor, mais ampla e embasada argumentação, tendo em vista que o advogado anterior praticamente abandon[ara] o acompanhamento do processo".

Era disso que a família de Marco desconfiava, já que nunca mais tivera informações sobre o andamento do processo. A advogada Mona Lubuk não estava mais no caso, o que deixou o brasileiro desassistido. O processo passou para as mãos de Utomo Karim, de uma firma de advogados de Jacarta, com honorários pagos pelo governo brasileiro.

Além de Samuel Iwuchukwu Okoye e Hansen Anthony Nwaolisa, nigerianos que Marco conheceu na prisão, outras oito pessoas foram fuziladas em 2008 na Indonésia. Foi o ano em que o país mais executou prisioneiros desde a renúncia do ditador Suharto, uma década antes. O número levou a Indonésia à 12ª posição entre as nações que mais executaram condenados à morte no mundo naquele ano.[3]

Todas as execuções ocorreram no segundo semestre, em menos de cinco meses, cinco delas de condenados por assassinato, três por terrorismo e duas por tráfico de drogas. Oito dos sentenciados eram indonésios e dois estrangeiros.

Em 10 de julho de 2008, duas semanas depois da morte dos nigerianos, foi executado o indonésio Ahmad Suradji, acusado do assassinato de 42 mulheres entre 1986 e 1997. Sua morte ocorreu dez anos e dois meses depois do julgamento. Oito dias mais tarde, foi a vez de Tubagus Maulana Yusuf, sentenciado pela morte de oito pessoas em 2007 em rituais de bruxaria. Diferentemente da maioria dos condenados, Tubagus aceitou a pena capital em primeira instância e foi fuzilado no ano seguinte à sua prisão. Um dia depois de sua morte, outro indonésio, Sugeng, e sua mãe, Nyonya Sumiarsih, foram levados ao cadafalso pelo assassinato premeditado de cinco membros da família de um militar.

As seis execuções causaram protestos imediatos do Conselho de Direitos Humanos da ONU. No final de julho, a entidade endereçou relatório ao governo da Indonésia cobrando explicações sobre a retomada das execuções: "Gostaríamos de lembrar que a pena de morte, embora não seja proibida sob a legislação internacional, tem sido considerada exceção extrema [...] e, como tal, deve ser aplicada da forma mais restritiva".[4]

No documento, a ONU sustentou que o Conselho de Direitos Humanos "tem reiteradamente rejeitado a imposição de pena de morte para crimes que não resultem em morte". O conselho instou o governo indonésio, em nome do "direito internacional" e como signatário do Pacto Internacional sobre

Direitos Civis e Políticos da ONU, a abolir a pena de morte para roubo e tráfico de drogas e converter em detenção a punição dos condenados por esses crimes.

A ONU também colocou em dúvida a confiabilidade do sistema jurídico indonésio, baseando-se em relatos de dez detentos condenados à morte ouvidos pela entidade em 2007, segundo os quais houve maus-tratos para extrair confissões, ausência de defensores e corrupção em troca de relaxamento de pena. Tais denúncias, relatou o conselho, "despertam sérias preocupações em relação à equidade do processo em que essas pessoas foram condenadas à morte". A entidade propôs a suspensão das execuções até o esclarecimento das questões levantadas.

Três meses depois, o governo indonésio enviou sua resposta, por intermédio da missão permanente do país na ONU. Em memorando de 17 de outubro,[5] afirmou que há um rigoroso processo judicial antes que alguém seja executado de fato, sustentou que a pena de morte não é proibida pelas leis internacionais e a defendeu para crimes hediondos, entre os quais o país inclui o tráfico de drogas. "A Indonésia está comprometida com a aplicação justa e equitativa das normas de direitos humanos", declarou. Segundo o documento, o fato de que não tivessem ocorrido no país execuções por tráfico desde 2004, com exceção de 2008, indicaria "claramente que essa não é uma decisão tomada de forma abrupta ou sem o respeito ao devido processo legal". Sobre as denúncias de tortura e maus-tratos, o governo não respondeu, por considerar o assunto de competência da Justiça do país.

A pressão do Conselho de Direitos Humanos não fez a Indonésia retroceder nas execuções. Em 9 de novembro de

2008, foram fuzilados os terroristas Amrozi bin Nurhasym, Ali Ghufron e Imam Samudera, responsáveis pela "Bali Bombing", a explosão numa casa noturna que matou 202 pessoas e feriu 209 em Bali, em 12 de outubro de 2002.

Depois disso, a Indonésia só voltaria a executar condenados à morte em 2013, "apesar das pressões de certos setores" para acelerar o processo, mencionou o governo indonésio em resposta à ONU.

Segundo um relatório da Anistia Internacional sobre o assunto,[6] a Indonésia, apesar dos fuzilamentos, não está entre os países que mais executaram em 2013. China, Irã, Coreia do Norte, Iêmen e Estados Unidos encabeçam a lista. Na China, foram mais de 1.000 execuções naquele ano, mais do que em todos os outros países somados. Nos Estados Unidos, foram 37.

O apoio popular às execuções, por sua vez, sofreu um grande abalo em 2011, quando a execução de uma empregada doméstica indonésia no exterior colocou o país em um impasse.

Ruyati Binti Satubi trabalhava para uma família na Arábia Saudita e queria voltar para a Indonésia, o que, pelas leis sauditas, dependia da autorização do patrão. Ao ser proibida de sair do país, a mulher de 54 anos se revoltou: em janeiro de 2010, matou a patroa com golpes de faca na cabeça e no pescoço. Foi condenada à morte na Arábia Saudita, sem ter direito a justa defesa e auxiliada apenas por um tradutor, segundo as organizações não governamentais indonésias Kontras e Migrant Care. Em 18 de junho de 2011, Ruyati foi degolada com uma espada. A decapitação, divulgada dias depois pelo canal iraniano Press TV, chocou a Indonésia. O governo disse não ter sido informado pela Arábia Saudita da execução e que, por isso, não pôde tomar providências para impedi-la. Mandou também suspender a ida de empregadas domésticas para o país, onde havia outras mulheres no corredor da morte.

A fim de não causar mais indignação entre os indonésios, o governo lançou mão de um recurso autorizado pela Justiça saudita: pagar o "dinheiro de sangue" (*diyat*, em árabe), valor arbitrado pela Corte, mediante consentimento da família da vítima, em troca de perdão ao réu. Para evitar a decapitação da também doméstica Darsem Tawar, acusada de matar o patrão, o governo indonésio pagou 533 mil dólares. Darsem alegou ter agido em legítima defesa, pois o patrão ameaçava estuprá-la.

O caso das domésticas expôs uma incongruência nas ações do governo, devidamente explorada por organizações de direitos humanos: o país defendia a pena de morte em seu território, mas lutava contra a execução de indonésios no exterior.

Em 2012, a Indonésia mudou pela primeira vez sua posição na ONU, que anualmente insta os países-membros a adotar a moratória à pena de morte (ou seja, quando esta não é praticada embora seja prevista em lei). Em vez de manifestar apoio à resolução, a delegação do país se absteve.

Em 2013, o ciclo de mortes foi retomado com a execução de cinco condenados: um nigeriano e um paquistanês por tráfico de drogas e três indonésios por assassinato.

Tentativas de afrontar a dura lei indonésia têm sido feitas continuamente. Em 2007, quatro condenados recorreram à Corte Constitucional, o equivalente ao nosso Supremo Tribunal Federal, para contestar a aplicação da pena de morte a todos os tipos de crime, alegando que a execução contrariava o direito à vida, previsto na Constituição do país: as indonésias Rani Andriani e Edith Sianturi, detidas em 2001 com 3,5 quilos e 1 quilo de heroína respectivamente, e os australianos Myuran Sukumaran e Andrew Chan, acusados de traficar drogas e de chefiar os "Nove de Bali", grupo de australianos presos em abril de 2005 com 8,3 quilos de heroína.

 Além de citarem a inconstitucionalidade da lei, os advogados dos réus sustentaram outros argumentos, como o de que, por falhas do Judiciário, a lei poderia condenar inocentes à morte ou o de que a adoção dessa sentença estaria na contramão mundial do direito contemporâneo – de fato, 149 países aboliram a pena de morte na lei ou na prática, por meio de moratória, enquanto 58 ainda a adotam, segundo dados de 2014 da Anistia Internacional (o Brasil está entre os que não a excluíram totalmente, pois prevê pena de morte em caso de guerra).[7]

 Os advogados recordaram que as execuções vão contra o propósito estabelecido na Constituição indonésia de que se deve tentar recuperar e reintegrar os criminosos à sociedade, e também defenderam que a pena de morte é incapaz de dissuadir a atuação de criminosos ou influenciar os índices de violência.

 Durante seis meses, a Justiça indonésia ouviu especialistas em direitos humanos e direito de universidades dos Estados Unidos, Irlanda, Austrália e Indonésia, membros do Congresso, do governo e da agência antidrogas nacional. Entre os acadêmicos, a maioria foi favorável aos acusados e, portanto, contrária à pena de morte.

O governo, entretanto, argumentou que o tráfico de drogas contribuía para a morte de 15 mil pessoas por ano e, por isso, era considerado crime grave, suscetível de ser enquadrado na resolução do Pacto Internacional sobre Direitos Civis e Políticos quanto à aplicação da pena capital. Afirmou, ainda, que o direito à vida, embora previsto na Constituição, não é absoluto, pois há exceções – por exemplo, quando existem ameaças à segurança e à ordem públicas.

Outra justificativa foi a de que, mesmo se diversos países aboliram a prática, alguns optaram por reinstituí-la. Além disso, acrescentou que uma eventual decisão derrubando a pena de morte da legislação antidrogas abriria precedentes para que ocorresse o mesmo nos casos de crimes em que a punição também é prevista, como nos de assassinato.

A Corte Constitucional, à qual caberia decidir o processo movido pelos quatro condenados, declarou que a pena de morte era importante para restaurar a harmonia social abalada pela ocorrência de um crime; que excluir a sentença capital sob alegação de que os julgamentos estão sujeitos a falhas não tornaria, por si só, o Judiciário perfeito; e que os números que punham em dúvida o efeito dissuasivo da pena de morte em outros países eram inconsistentes.

A Justiça aceitou o argumento do governo de que o direito à vida não é absoluto, mencionando convenções de direitos civis, entre as quais a dos Estados Unidos, país em que a pena de morte existe em alguns estados. Citou especificamente o artigo 6º do Pacto Internacional sobre os Direitos Civis e Políticos, segundo o qual, em países que ainda mantêm a pena capital, "uma sentença de morte só pode ser pronunciada para crimes mais graves".[8] Ponderou também que dois dos países vizinhos, Malásia e Cingapura, são mais rígidos que a Indonésia quanto aos crimes passíveis de punição com a morte.

O veredicto saiu em 30 de outubro de 2007: por seis votos a três, a Corte Constitucional da Indonésia decidiu manter a pena de morte para crimes de tráfico de drogas.

O tribunal, no entanto, deixou uma porta aberta, ao declarar que a sentença capital, por meio da revisão do Código Penal, tem de ser aplicada em casos "especiais e alternativos", e não como punição principal. Propôs que a condenação possa ser sucedida de um período probatório, após o qual, se o detento mostrar bom comportamento durante dez anos, a pena pode ser reduzida para prisão perpétua ou detenção de vinte anos. Até janeiro de 2015, a revisão do Código Penal indonésio ainda não havia saído do papel.

Durante visita da primeira-dama Ani Yudhoyono à prisão feminina de Tangerang em dezembro de 2004, Edith Sianturi pediu-lhe clemência para que não fosse fuzilada, mas o pedido não foi atendido.[9] Sianturi morreu em abril de 2009, vítima de aids. No início de 2015, Myuran Sukumaran e Andrew Chan continuavam no corredor da morte. O destino de Rani Andriani se entrelaçaria com o de Marco em 17 de janeiro de 2015.

Depois de mais de uma década atrás das grades, no final de 2014 Marco Archer imaginava que o melhor dos mundos seria passar o resto dos dias na sombria prisão de Pasir Putih.

A ele parecia uma opção menos terrível que enfrentar a cruz na colina e o pelotão de fuzilamento com as armas apontadas diretamente para seu peito.

Para o brasileiro, também representava um conforto saber que, entre 1998 e 2013, nenhum europeu ou americano havia sido fuzilado na Indonésia. Nesse período, 26 condenados foram mortos, dezenove deles indonésios e sete procedentes de países asiáticos ou africanos: dois tailandeses e um indiano (2004), dois nigerianos (2008), um malaio e um paquistanês (2013). Aliás, na Indonésia, há quem reclame que o número de execuções de cidadãos locais seja superior ao de estrangeiros.

Na Justiça, não havia mais possibilidade de reverter o caso de Marco. A vida do brasileiro dependia apenas da resposta ao pedido de clemência formulado em 2008 à Presidência do país. Se fosse recusado novamente o perdão, tal como ocorrera em 2006, a execução se tornaria apenas uma questão de tempo. Se o perdão fosse concedido, a pena poderia se converter em prisão perpétua ou detenção por vinte anos.

Sob a gestão de Yudhoyono, o mais provável, na avaliação das autoridades brasileiras, era que o indonésio não fizesse nem uma coisa nem outra. Não havia mecanismo legal algum que o obrigasse a dar uma resposta, muito menos em um prazo determinado. A indefinição seria o melhor, a fim de evitar um cenário político e judicial polêmico. Qualquer sinalização que favorecesse Marco poderia gerar um conflito entre o Executivo indonésio e o Parlamento, tenderia a irritar o Judiciário e também a incomodar a população local, que além de apoiar a pena de morte se perguntaria por que ela não era aplicada a alguns estrangeiros.

De outro lado, negar o segundo pedido de clemência seria levar Marco ao cadafalso, o que poderia causar impacto no Brasil e gerar problemas diplomáticos. Desde o início da República, em 1889, nenhum cidadão brasileiro nato havia sido sentenciado à morte em um país estrangeiro, segundo os registros do Itamaraty. Havia apenas o caso de Fernando Buschman, filho de pais alemães, nascido em Paris e naturalizado brasileiro, que, durante a Primeira Guerra Mundial, foi acusado de espionagem a serviço da Alemanha e executado na Torre de Londres em 1915.

Em janeiro de 2010, o presidente Luiz Inácio Lula da Silva dirigiu uma segunda carta ao presidente Yudhoyono, explicando que a execução de Marco poderia causar uma reação muito negativa na opinião pública brasileira e estremecer a relação entre os dois países. Lula afirmou que respeitava a soberania da Indonésia, mas pediu "generosidade" ao líder do país asiático, que ele comparou ao Brasil, dizendo serem ambas as nações "grandes democracias multiculturais comprometidas com a redução das desigualdades e injustiças". Dizia Lula na carta: "Desejo reafirmar o compromisso do Brasil com a Indonésia [...] O Brasil está empenhado em tornar visíveis e proveitosas as inúmeras semelhanças que nos unem. Assim como o povo indonésio, o brasileiro também trabalha, ao mesmo tempo, em prol de sua autodeterminação e de sua participação cada vez mais responsável numa comunidade internacional interligada".[10] No Brasil, a última condenação à morte pela Justiça civil ocorreu em 1876: foi o enforcamento de um escravo sentenciado por assassinar um casal. Apesar de a violência e o crime serem tão presentes no cotidiano do país, metade dos brasileiros é contra a pena de morte, e 46% são a favor de ela ser aplicada a pessoas que cometeram crimes graves, de acordo com pesquisa do Datafolha realizada em 2013.[11]

A carta foi enviada pelo governo depois de ter sido publicada uma entrevista com Marco, na *Folha de S.Paulo*, também em janeiro de 2010, em que ele dizia estar esquecido no corredor da morte e apelava ao presidente brasileiro para tirá-lo de lá. Antes disso, Lula e Yudhoyono haviam se encontrado pessoalmente duas vezes: a primeira, durante visita do brasileiro ao país asiático, em julho de 2008; a segunda, em novembro do mesmo ano, quando o líder indonésio veio ao Brasil, retribuindo a visita.

Em fevereiro de 2010, durante visita a Cuba, Lula falou sobre o caso: "Ele [Marco] está condenado à morte, está no corredor da morte. Eu já falei duas vezes com o presidente da Indonésia, possivelmente por isso ele ainda não tenha sido morto. Recentemente, mandei outra carta ao presidente pedindo clemência, levando em conta questões humanitárias para salvar esse companheiro".[12]

A presidente Dilma Rousseff fez pessoalmente, em 25 de setembro de 2012,[13] um apelo semelhante ao então embaixador da Indonésia em Brasília, Sudaryomo Hartosudarmo. Repetiu o apelo em uma carta.

Para a diplomacia brasileira a situação parecia sob controle, quando, em 20 de junho de 2012, o *Jakarta Post*[14] trouxe a declaração de um procurador da Corte Distrital de Tangerang de que as execuções seriam retomadas e que o brasileiro morreria em breve. O procurador contou até quais seriam os últimos desejos de Marco: três garrafas de uísque Chivas Regal e duas mulheres para passar a noite.

A notícia deixou o Itamaraty em alerta. Em Jacarta, o embaixador do Brasil, Paulo Soares, reuniu-se com o procurador-geral da Justiça indonésia, que explicou que tudo não passara de um alarme falso, dado por um funcionário de segundo escalão. Publicamente, o governo da Indonésia nunca se pronunciou a respeito da declaração do procurador.

Em agosto de 2013, a Embaixada do Brasil em Jacarta foi avisada de que as execuções seriam retomadas e que Marco estaria na lista dos próximos a morrer. Ciente da situação, a presidente Dilma aproveitou o encontro com o presidente Yudhoyono na Assembleia Geral da ONU para apelar pelo brasileiro.

Yudhoyono deixou a Presidência sem nunca ter respondido ao segundo pedido de clemência, o que foi interpretado pelo Itamaraty como um sinal de que ele não estava disposto a mandar executar o brasileiro.

Em outubro de 2014, Joko Widodo, ex-governador de Jacarta, assumiu o cargo máximo do país. Widodo vencera as eleições com 53% dos votos erguendo a bandeira da luta contra a corrupção e as drogas, e diferentemente de seu antecessor não pertencera às Forças Armadas.

As primeiras declarações de Widodo não trouxeram otimismo a Marco. Em 9 de dezembro de 2014, o presidente disse em uma universidade em Yogyakarta (província a cerca de 540 km de Jacarta) que rejeitaria todos os pedidos de clemência de traficantes no corredor da morte. Para ele, a pena é uma maneira de dissuadir traficantes e usuários de drogas. O governo também anunciou que executaria em breve cinco condenados. Em reação, a Anistia Internacional protestou e argumentou que retomar as execuções seria uma "mancha grave" na gestão recém-iniciada de Widodo.

Se a Indonésia tivesse decidido libertar Marco, o brasileiro estaria livre da pena de morte, mas encontraria outro obstáculo em seu país natal. Pesava sobre ele a suspeita do Ministério Público do Rio Grande do Sul de que estivesse envolvido com uma quadrilha de jovens de classe média alta do estado processados por vender ecstasy, cocaína e skunk – tudo trazido de Bali em pranchas de surfe.

A ascensão de Joko Widodo, porém, selou o destino de Marco. Em 30 de dezembro, o presidente retirou da gaveta o segundo e último pedido de clemência – e o rejeitou. Em 15 de janeiro de 2015, a Procuradoria-Geral da Indonésia marcou a execução para o dia 18 (17 de janeiro no Brasil). Era o fim do longo caminho do brasileiro no corredor da morte indonésio.

Cinco cruzes de madeira

Dias antes de Widodo rejeitar o pedido de clemência em dezembro de 2014, Dilma Rousseff havia endereçado ao presidente indonésio uma carta em que o exortava a poupar da morte tanto Marco Archer quanto Rodrigo Gularte, o outro brasileiro condenado no país. A carta não surtiu efeito, e até o início de janeiro de 2015 o Itamaraty não tinha recebido nenhuma notificação oficial a respeito da execução, fato que foi mais tarde interpretado como uma maneira de obstruir as possibilidades de defesa dos brasileiros.

Em 8 de janeiro, ao entrevistar por telefone o porta-voz da Procuradoria-Geral da Indonésia, Tony Spontana, fico sabendo que Marco estava na lista das próximas pessoas a serem fuziladas no país. O órgão responsável pelas execuções considerava que todos os requisitos legais para levar a cabo a pena de morte já haviam sido cumpridos.

No dia seguinte, ao ser informado da decisão pela Embaixada do Brasil em Jacarta, Marco implora aos diplomatas que tentem salvá-lo. Eles respondem que farão tudo que estiver ao seu alcance para evitar a execução. Em Pasir Putih, onde os guardas fazem vista grossa aos celulares dos presos, Marco começa a disparar telefonemas para amigos e conhecidos no Brasil e na Indonésia, a fim de confirmar a terrível notícia.

Em 12 de janeiro, ele me manda a seguinte mensagem de texto por celular: "Ricardo, sou eu, Curumim. *Please*, me liga que eu preciso falar com você urgente. Ok?". Como ele sabia que eu vinha há anos acompanhando detidamente o seu caso, recorreu a mim para saber detalhes da situação. Ligo de volta imediatamente. Agitado, ele me pede que eu pesquise em jornais indonésios sobre notícias relacionadas à execução, pois soubera por alguns presos que ela ainda demoraria a acontecer.

— Procure por *eksekusi* e *terpidana mati* — disse, referindo-se à palavra "execução" e à expressão "condenado à morte" em bahasa.

A mídia do país falava em fuzilamentos iminentes, mas as notícias não traziam uma data definitiva.

No dia seguinte, recebo outra mensagem dele: "Ricardo, me dá uma ligada urgente, ok? Saiu uma matéria no jornal *Kompas* de hoje". Mas também o maior jornal da Indonésia dizia apenas que as execuções "estavam perto de acontecer".

Aflito, ele me conta que teve "uma ideia": iria vender o apartamento onde a mãe havia morado, no Rio, para tentar comprar sua fuga da Indonésia.

Em 14 de janeiro, quarta-feira, às oito e meia da noite, guardas entram na cela de Marco e o retiram de lá, algemado. Tudo é feito com discrição, para que os demais presos não percebam o que está ocorrendo — em 2008, quando dois nigerianos con-

Marco Archer com o advogado Utomo Karim durante a transferência para prisão de Besi, onde aguardaria a execução. À esquerda, o local do fuzilamento do brasileiro e outros quatro condenados. Archer foi colocado na segunda cruz da esquerda para a direita.

denados à morte foram levados de suas celas diante dos presos, uma rebelião estourou em Pasir Putih.

Marco fica apavorado. Ele pensa que será executado naquela mesma noite, mas é levado a uma sala na prisão, onde estão o seu advogado, Utomo Karim, e um diplomata brasileiro. Ambos haviam sido convocados às pressas a Pasir Putih, sem que fosse revelado o motivo do chamado. Além deles, estão na sala o chefe da prisão, um procurador de Cilacap e policiais.

— Me tiraram da cela para me matar? — pergunta Marco ao advogado e ao representante da embaixada. Eles respondem que não sabem a razão de estarem ali.

— Quero morrer aqui, em Pasir Putih — diz o condenado ao procurador.

Depois disso, Marco se afunda no sofá onde mandaram que sentasse e não diz mais nada. Está em estado de choque. Não chora, mas seus olhos estão marejados. De repente, urina nas calças, possivelmente por causa do medo que está sentindo. Alguém, então, manda que se levante e saia da sala. O chefe da prisão tenta tranquilizá-lo, dizendo que ele será levado de volta à cela.

Marco logo descobre que foi enganado: um carro da polícia o aguarda para conduzi-lo à prisão de Besi ("ferro", em bahasa), um local sinistro, a cinco quilômetros de Pasir Putih, que serve para abrigar os presos antes das execuções na ilha de Nusakambangan.

Às dez da noite, Marco, seu advogado e o diplomata são levados em Besi a uma sala parecida com um tribunal. O traficante é colocado em uma cadeira em frente à mesa onde se instala o procurador, que declara:

— Na República da Indonésia, o tráfico de drogas é punido com a pena de morte. Você ingressou com drogas na Indonésia. Você foi condenado à morte, perdeu os recursos na Justiça e teve dois pedidos de clemência negados. Você será executado.

O fuzilamento, acrescenta o procurador, ocorrerá dentro de três dias. Num rompante, Marco responde:

— Se você me matar, ainda assim o tráfico de drogas não vai acabar.

O procurador entrega ao brasileiro um formulário no qual pode escrever seus últimos pedidos. Marco apanha o papel, mas não consegue preenchê-lo, porque suas mãos estão trêmulas. Diz que gostaria apenas de receber a visita de um parente. Ele se refere a uma de suas tias, a advogada Maria de Lourdes Archer Pinto, que, desde a morte de sua mãe, tornara-se seu principal apoio no Brasil. De Manaus, onde vive, ela enviava ao sobrinho roupas, dinheiro para mantimentos e para créditos de celular, além de palavras de estímulo e afeto.

Como parte do protocolo da execução, Marco deve ficar isolado nos dias anteriores ao fuzilamento. O brasileiro não está sozinho em Besi: além dele, serão executados ali outros quatro condenados por tráfico de drogas: a indonésia Rani Andriani, de 39 anos, o holandês Ang Kiem Soe, de 62, o nigeriano Daniel Enemuo, de 38, e Namaona Denis, de 48, cidadão de Malawi. Em outra prisão, na ilha de Java, será executada no mesmo dia a traficante vietnamita Tran Thi Bich Hanh, de 37 anos.

Na cela para onde o levaram, Marco pede aos que o acompanham:

— Tentem o que for possível para me salvar.

O diplomata e o advogado lhe contam que Dilma Rousseff planejava falar com o presidente indonésio. Eles omitem, porém, que as tentativas de contato vinham se arrastando há algum tempo, sem sucesso.

Apenas em 16 de janeiro, um dia depois do anúncio oficial da execução, Widodo responde ao pedido de Dilma. Uma nota divulgada pelo Itamaraty no mesmo dia descreveu assim a conversa entre eles: "A presidente ressaltou ter consciência da gravidade dos crimes cometidos pelos brasileiros. Disse respeitar a soberania da Indonésia e do seu sistema judiciário, mas, como chefe de Estado e como mãe, fazia esse apelo por razões eminentemente humanitárias. A presidente recordou que o ordenamento jurídico brasileiro não comporta a pena de morte e que seu enfático apelo pessoal expressava o sentimento da sociedade brasileira".[1]

O documento descreve assim o desfecho da malograda conversa: "O presidente Widodo disse compreender a preocupação da presidente com os dois cidadãos brasileiros, mas ressalvou que não poderia comutar a sentença de Marco Archer, pois todos os trâmites jurídicos foram seguidos conforme a lei indonésia e aos brasileiros foi garantido o devido processo legal".

Em uma última tentativa, o governo brasileiro anuncia que apelará ao Vaticano. Mas o próprio Itamaraty avalia que um pedido do papa teria pouca chance de sensibilizar um país cuja população é majoritariamente muçulmana.

Maria de Lourdes, que embarcara para Jacarta no mesmo dia em que soube que o sobrinho seria executado, é informada do fracasso do governo brasileiro quando já está na Indonésia, no carro da embaixada que a leva para Cilacap. Mais tarde, ela contaria: "Chorei muito ao saber que o pedido de Dilma não tinha sido aceito. Eu ainda tinha esperança. No meu raciocínio o presidente indonésio poderia ter expulsado o Marco do país. Ele não é Deus para decidir sobre a vida de alguém. O Marco pode ter errado, mas cumpriu onze anos de cadeia e não merece pagar com a vida. Eu faria um apelo de joelhos ao presidente, implorando para ele reverter essa situação".

Chego em Cilacap na manhã do dia 17, sábado, véspera da execução. Os hotéis estão cheios e há carros de emissoras de TV por todos os lados. Maria de Lourdes está acompanhada de uma funcionária do Itamaraty e ouve das autoridades indonésias que tem uma hora e meia, das 11h30 às 13h, para visitar o sobrinho.

Devido à burocracia, apenas por volta de meio-dia ela consegue encontrar-se com Marco. Ao ver a tia, ele chora convulsivamente:

— Que merda eu fiz! — lamenta, referindo-se ao crime que o levou a ser condenado à morte.

Guardas de Pasir Putih também aparecem na cela do brasileiro, para abraçá-lo. Ele era estimado na prisão.

Marco conta à tia que não sente fome nem consegue dormir desde que foi transferido para Besi. Pergunta mais de uma vez se tudo havia sido feito para salvá-lo e se ainda lhe restava alguma alternativa à morte. Ao saber que o governo brasileiro iria tentar a ajuda do Vaticano, brinca:

— Mas o papa é argentino, pô!

A visita chega ao fim. Marco e Maria de Lourdes se despedem pela última vez.

Na madrugada de domingo, Marco e os outros quatro condenados à morte são levados da prisão de Besi em carros separados. Chegam algemados ao local da execução, que está iluminado por holofotes e onde foram instaladas cinco cruzes de madeira.

A segunda cruz da esquerda para a direita está destinada a Marco. Não muito longe dali, cinco ambulâncias aguardam a execução. Dentro de cada veículo, há um caixão com um nome afixado numa folha de papel. O nome e a idade do brasileiro estão grafados sem nenhum cuidado, assim: "Marko Archer Cardosa, 52". Ele tinha 53 anos.

Além dos policiais (os que atirarão e os que prepararam o local), acompanham a execução apenas um médico, um procurador e um pastor. Católico não praticante, o brasileiro havia pedido que um padre estivesse presente na hora de sua morte. O padre irlandês Charlie Burrows, baseado em Cilacap, chegou a se oferecer para dar a extrema-unção ao brasileiro. As autoridades indonésias, porém, designaram para o momento um pastor protestante, Hasan Makarim.

Assim como os demais prisioneiros, Marco veste uma camisa branca. Sobre ela, o médico faz com tinta preta uma marca na altura do coração, a fim de facilitar a mira dos atiradores. Três minutos antes do início da execução, o pastor se oferece para dar a última palavra de conforto aos condenados. Em seguida, os olhos deles são cobertos por uma venda. Eles podiam ter optado por não serem vendados e também escolher se desejavam morrer de pé, de joelhos ou sentados. Marco escolheu ficar de pé.

O procurador encarregado dos procedimentos determina que os cinco pelotões – um para cada preso – levem adiante a execução. Cada pelotão é formado por doze atiradores de um destacamento de elite da polícia que apontam para os condenados seus fuzis de calibre 5.56 milímetros. Em apenas três das doze armas, as balas são de verdade; nas outras nove, são de festim. Assim, os policiais nunca saberão de quais dos fuzis partiram os tiros fatais.

O comandante do pelotão sopra um apito, e os policiais tomam posição à frente dos condenados. Outro oficial levanta uma espada, sinal para que os atiradores mirem seus alvos. A cerca de um quilômetro do local das execuções, representantes das embaixadas e outras pessoas na ilha ouvem um forte estrondo: são os tiros disparados contra Marco e os demais presos. O relógio marca 0h30 de domingo, 18 de janeiro, na Indonésia (e 15h30 de sábado, dia 17, no Brasil). Dez minutos depois do fuzilamento, um médico confirma no local a morte do brasileiro.

A execução de Marco Archer estremeceu as relações entre Brasil e Indonésia, que mantêm uma série de acordos econômicos. Poucos dias depois, a presidente Dilma Rousseff convocou o embaixador em Jacarta, Paulo Soares, para consultas – um sinal de reprovação e insatisfação com a Indonésia. A Holanda, que também teve um cidadão executado, fez o mesmo, convocando o seu embaixador no país asiático. Internacionalmente, a repercussão das execuções foi a prevista: a Anistia Internacional as classificou de "retrocesso grave", e a porta-voz do Alto Comissariado da ONU para os Direitos Humanos, Ravina Shamdasani, disse que o órgão iria instar "as autoridades indonésias a restabelecer uma moratória sobre a pena de morte e proceder a uma revisão completa de todos os pedidos de perdão para a comutação da pena".

Em 21 de janeiro, menos de uma semana após as execuções, o presidente Widodo afirmou que continuaria a negar pedidos de clemência para traficantes, porque a Indonésia estaria em "estado de emergência em relação às drogas". A disposição do governo indonésio agravou a situação do outro brasileiro condenado à morte no país, Rodrigo Gularte, de quem Widodo também rejeitou o primeiro pedido de clemência. Rodrigo, no entanto, sofre de esquizofrenia, comprovada por laudos feitos por um médico indonésio, a pedido da defesa. No final de janeiro de 2015, a intenção do governo brasileiro era tentar interná-lo em uma clínica psiquiátrica ou em uma prisão para doentes mentais, de modo a livrá-lo da pena capital.

Depois do fuzilamento no descampado perto da prisão de Besi, um grupo de policiais recolheu o corpo de Marco Archer e o levou para um local onde lavaram as manchas de sangue que o cobriam. Ainda era madrugada na Ásia quando vestiram o corpo com um terno preto fornecido pelo governo indonésio e o transportaram para a cremação em uma cidade próxima. As cinzas foram entregues a Maria de Lourdes, que as trouxe ao Brasil e as depositou no túmulo da avó do brasileiro em um cemitério em Manaus.

Notas

INTRODUÇÃO

1 Gallo, Ricardo. "Brasileiro condenado na Indonésia teme ser esquecido em corredor da morte". *Folha de S.Paulo*, caderno "Cotidiano", 17/1/2010. Disponível em: http://www1.folha.uol.com.br/folha/cotidiano/ult95u680554.shtml. Acesso em: out. 2014.

A ÚLTIMA VIAGEM

1 A conversão de rúpias indonésias para dólares americanos foi feita com base na cotação de agosto de 2003, disponibilizada no site do Banco Central do Brasil: http://www4.bcb.gov.br/pec/conversao/conversao.asp.

O FUGITIVO

1 Relatório de Manfred Nowak, relator especial do Conselho de Direitos Humanos da ONU para tortura e outras maneiras de tratamentos ou punições cruéis, desumanas ou degradantes. Suíça, 10 mar. 2008, itens 21 e 22. Disponível em: daccess-dds-ny.un.org/doc/UNDOC/GEN/G08/114/90/PDF/G0811490.pdf?OpenElement. Acesso em: out. 2014.

O PREÇO DAS SENTENÇAS

1 UNODC. Regional Centre for East Asia and the Pacific. *Demand Reduction Strategy 2006-2010* [Estratégia de redução da demanda 2006-2010]. Tailândia, maio 2007. Disponível em: http://www.unodc.org/documents/southeastasiaandpacific//Publications/UNODC_Regional_Centre_for_East_Asia_and_the_Pacific_May_2007.pdf. Acesso em: out. 2014.

2 UNODC. Global SMART Programme. *Patterns and Trends of Amphetamine-Type Stimulants and Other Drugs: Asia and the Pacific* [Padrões e tendências de estimulantes do tipo anfetamina e outras drogas], dez. 2012, p. 59. Disponível em: http://www.unodc.org/documents/southeastasiaandpacific//2012/12/ats-2012/2012_Regional_ATS_Report_FINAL_HQPDF_3_Dec_2012_low.pdf. Acesso em: out. 2014.

3 Imparsial – The Indonesian Human Rights Monitor. *A Long Way to the Abolition of the Death Penalty in Indonesia* [Um longo caminho até a abolição da pena de morte na Indonésia], jun. 2004. Disponível em: http://www.hawaii.edu/hivandaids/A_Long_Way_to_the_Abolition_of_the_Death_Penalty_in_Indonesia.pdf. Acesso em: out. 2014.

4 McRae, Dave. "Shot until dead" [Baleado até a morte]. *Inside Indonesia*, ed. 94, out.-dez. 2008. Disponível em: http://www.insideindonesia.org/weekly-articles/shot-until-dead. Acesso em: out. 2014.

5 Discurso feito pelo presidente Susilo Bambang Yudhoyono no Dia Internacional contra o Abuso de Drogas e o Tráfico, em junho de 2006, conforme o *Jakarta Post*: http://www.thejakartapost.com/news/2006/07/01/presidentsby-rules-out-clemency-drug-dealers.html. Acesso em: nov. 2014.

6 O Alcorão Sagrado. Tradução, introdução e anotações de Samir El Hayek. LCC Publicações Eletrônicas. Disponível em: http://www.ebooksbrasil.org/eLibris/alcorao.html#AL%20AN%20AM. Acesso em: out. 2014.

7 Entrevista durante viagem do autor à Indonésia em agosto de 2010. Detalhes sobre sua origem e o local onde cumpre pena serão omitidos para não revelar sua identidade.

8 Relatório de Manfred Nowak, op. cit.

9 Todas as conversões de rúpias indonésias para dólares americanos foram feitas, exceto quando indicado o contrário, com base na cotação de outubro de 2014, disponibilizada no site do Banco Central do Brasil: http://www4.bcb.gov.br/pec/conversao/conversao.asp.

10 Relatório de Manfred Nowak, op. cit.

11 Fidrus, Multa. "Suprapto, fearless death penalty judge" [Suprapto, juiz da pena de morte, sem medo]. *The Jakarta Post*, seção "Life", 8 fev. 2005. Disponível em: http://www.thejakartapost.com/news/2005/02/08/suprap tofearless-death-penalty-judge.html. Acesso em: out. 2014.

12 Idem, ibidem.

13 Entrevista por telefone em novembro de 2011.

14 Conforme http://www.transparency.org/cpi2013.

15 Pompe, Sebastiaan. *Judicial Reforms in Indonesia: Transparency, Accountability and Fighting Corruption* [Reformas judiciais na Indonésia: transparência, responsabilidade e combate à corrupção]. Apresentação durante seminário

sobre reforma do Judiciário. Filipinas, 28-30 nov. 2005. Disponível em: http://jrn21.judiciary.gov.ph/forum_icsjr/ICSJR_Indonesia%20(S%20Pom pe).pdf. Acesso em: out. 2014.

16 Relatório de Manfred Nowak, op. cit.

17 Satgas PMH. *Satuan Tugas Pemberantasan Mafia Hukum* [Força-tarefa para erradicação da máfia judicial]. Indonésia, maio 2010.

18 Relatório de Manfred Nowak, op. cit., item 69, p. 24.

19 Adendo ao relatório de Manfred Nowak, op. cit. Atualização das recomendações feitas nas visitas do relator a Azerbaijão, Brasil, Camarões, China, Dinamarca, Geórgia, Indonésia, Jordânia, Quênia, Mongólia, Nepal, Nigéria, Paraguai, República da Moldávia, Romênia, Espanha, Sri-Lanka, Uzbequistão e Togo. Suíça, 26 fev. 2010, pp. 32-7.

20 Rolfe, Jim (org.). *The Asia-Pacific: a Region in Transition* [Ásia-Pacífico: uma região em transição]. Honolulu: Asia-Pacific Center for Security Studies, 2004, cap. 12.

21 "Indonesia: of rice & rats" [Indonésia: de arroz e ratos]. *Time*, v. 83, n. 9, 28 fev. 1964.

22 Elson, Robert Edward. *Suharto: a Political Biography* [Suharto: uma biografia política]. Cambridge: Cambridge University Press, 2008.

23 Perry, Richard Lloyd Parry. *In the Time of Madness: Indonesia on the Edge of Chaos* [No tempo da loucura: Indonésia no limite do caos]. Nova York: Grove Press, 2005, p. 78.

24 Banco Mundial. *Combating Corruption in Indonesia* [Combatendo a corrupção na Indonésia], out. 2003. Disponível em: http://siteresources.worldbank.org/INTINDONESIA/Resources/Publication/03-Publication/Combating+Corruption+in+Indonesia-Oct15.pdf. Acesso em: out. 2014.

25 Idem, ibidem.

26 Idem, ibidem.

27 Banco Mundial. *Public Policy for the Private Sector* [Políticas públicas para o setor privado], set. 1999. Disponível em: http://www1.worldbank.org/finance/assets/images/195Claes.pdf. Acesso em: out. 2014.

28 "Global Corruption Report 2004". Disponível em: http://www.transparency.org/whatwedo/publication/global_corruption_report_2004_political_corruption. Acesso em: out. 2014.

DIANTE DO DOUTOR MORTE

1 Entrevista com Roberto Maldonado em Bali, em 14 de agosto de 2010.

2 Entrevista com Marco Archer Cardoso Moreira na penitenciária de Pasir Putih, de 17 a 19 de agosto de 2010.

COMO TUDO COMEÇOU

1 Moreira, Marco Archer Cardoso. "Quero conhecer a Califórnia". Entrevista concedida a Marisa Raja Gabaglia. UH Revista, Rio de Janeiro, p. 1, 3 jun. 1974.

2 Entrevista por e-mail em 2 de dezembro de 2013.

3 Menescal, Bruno. "O destino é esse: ser preso ou morrer". Entrevista a Roberta Pennafort, de *O Estado de S. Paulo*, caderno "Cidades", p. 31, 9 jun. 2004.

A ILHA DO MEDO

1 Maryono, Agus. "Nusakambangan Island up close" [Ilha Nusakambangan de perto]. *The Jakarta Post*, 26 abr. 2010. Disponível em: http://www.thejakartapost.com/news/2010/04/26/kambangan-island-up-close.html. Acesso em: out. 2014.

2 ONU. "World Drug Report". Disponível em: https://www.unodc.org/documents/data-and-analysis/WDR2011/WDR_Final_Prices_crop.pdf. Acesso em: out.2014.

3 Nugraheni, Anita. *Strategi Koping Menghadapi Pidana Mati Pada Terpidana Mati* [Estratégias de enfrentamento empregadas por condenados à morte na iminência da execução]. Faculdade de Psicologia da Universidade Muhammadiyah Surakarta, 2006.

4 Relatório de Manfred Nowak, op. cit.

5 Anistia Internacional. *Unfinished Business: Police Accountability in Indonesia*, 2008. Disponível em: http://www.amnesty.org/ar/library/asset/ASA21/013/2009/en/619e8559-7fed-4923-ad6c-624fbc79b94f/asa210132009en.pdf. Acesso em: out. 2014.

6 Conforme *The Australian*: http://www.theaustralian.com.au/news/killers-gateway-to-hell-on-earth/story-e6frg6n6-1111117287048. Acesso em: out.2014.

7 *The Sydney Morning Herald*, de 19/9/2008: http://www.smh.com.au/news/

world/priest-relives-firing-squad-deaths-for-court/2008/09/18/1221331060880. html. Acesso em: nov. 2014.

UM LONGO CAMINHO

1   Bolsonaro, Jair. Comissão de Relações Exteriores e de Defesa Nacional. Requerimento, 23 mar. 2005. Disponível em: http://www.camara.gov.br/sileg/integras/288010.pdf. Acesso em: out. 2014.

2   *The Jakarta Post*, 1º jul. 2006. Disponível em: http://www.thejakartapost.com/news/2006/07/01/president-sby-rules-out-clemency-drug-dealers.html. Acesso em: out.2014.

3   Anistia Internacional. "Death sentences and executions in 2008", p. 8. Disponível em: http://www.amnesty.org/en/library/asset/ACT50/003/2009/en/0b789cb1-baa8-4c1b-bc35-58b606309836/act500032009en.pdf. Acesso em: out.2014.

4   Assembleia geral da 11ª sessão do Conselho de Direitos Humanos da ONU, agenda item 3. "Summary of Cases Transmitted to Governments and Replies Received", pp. 172-3. Disponível em: http://www2.ohchr.org/english/bodies/hrcouncil/docs/11session/A.HRC.11.2.Add.1.pdf. Acesso em: out. 2014.

5   Assembleia geral da 11ª sessão do Conselho de Direitos Humanos da ONU, agenda item 3, pp. 178-9. "Summary of Cases Transmitted to Governments and Replies Received". Disponível em: http://www2.ohchr.org/english/bodies/hrcouncil/docs/11session/A.HRC.11.2.Add.1.pdf. Acesso em: out.2014.

6   Anistia Internacional: "Death Sentences and Executions 2013", p. 8. Disponível em: https://anistia.org.br/wp-content/uploads/2014/07/Death-sentences-and-executions-in-2013.pdf. Acesso em: out.2014.

7   Conforme a Anistia Internacional: http://www.amnesty.org/en/deathpenalty/abolitionist-and-retentionist-countries. Acesso em: out.2014.

8   ONU. Pacto Internacional sobre Direitos Civis e Políticos, artigo 6º, alínea 2, 1966.

9   Fidrus, Multa. "Death row inmates pead for clemency" [Condenadas no corredor da morte pleiteiam clemência]. *The Jakarta Post*, 10 out. 2004. Disponível em: http://www.thejakartapost.com/news/2004/12/10/deathrow-inmates-plead-clemency.html. Acesso em: out. 2014.

10 Carta enviada pelo presidente Luiz Inácio Lula da Silva ao presidente Susilo Bambang Yudhoyono em janeiro de 2010.

11 Pesquisa do Datafolha sobre o comportamento político dos brasileiros feita em 11 de outubro de 2013, por meio de 2.517 entrevistas em 154 municípios, com margem de erro de dois pontos percentuais. Disponível em: http://media.folha.uol.com.br/datafolha/2013/10/14/comportamentopolitico.pdf. Acesso em: out. 2014.

12 Borges, Laryssa. "Lula: pedi que Indonésia não execute brasileiro condenado". Portal Terra, 24 fev. 2010. Disponível em: http://noticias.terra.com.br/brasil/lula-pedi-que-indonesia-nao-execute-brasileiro-condenado. Acesso em: out. 2014.

13 Lores, Raul Juste. "Dilma pede a colega indonésio que revogue penas de morte". *Folha de S.Paulo*, caderno "Cotidiano", p. C7, 26 set. 2012. Disponível em: http://www1.folha.uol.com.br/fsp/cotidiano/68432-dilma-pede-a-co lega-indonesio-que-revogue-penas-de-morte.shtml. Acesso em: out. 2014.

14 "Tangerang to execute 3 on death-row" [Tangerang vai executar três no corredor da morte]. *The Jakarta Post*, 20 jun. 2012. Disponível em: www. thejakartapost.com/news/2012/06/20/tangerang-execute-3-death-row. html. Acesso em: nov. 2014.

CINCO CRUZES DE MADEIRA

1 Nota oficial da Presidência: http://www2.planalto.gov.br/acompanhe-o-
-planalto/notas-oficiais/notas-oficiais/nota-a-imprensa-telefonema-da-presidenta-dilma-rousseff-ao-presidente-da-indonesia. Acesso em: jan. 2015.

Agradecimentos

Este livro não teria sido realizado sem o decisivo apoio de algumas pessoas.

Agradeço à *Folha de S.Paulo*, nas pessoas de Denise Chiarato (ex-editora do caderno "Cotidiano", do qual sou repórter), Rogério Gentile e Vinicius Mota (secretários de Redação) e Sergio Dávila (editor-executivo), por autorizar meu licenciamento do jornal por três meses para a apuração e a escrita do livro.

Também agradeço, *in memorian*, a Marco Archer Cardoso Moreira, Carolina Archer Pinto e Giuseppe Angione.

Marco Archer se dispôs a revelar bastidores de uma história cujos detalhes mesmo seus amigos mais próximos e familiares desconheciam. Ele me recebeu pacientemente na remota prisão de Pasir Putih, no interior da Indonésia, onde ficou preso por mais de sete anos e terminou os seus dias.

Carolina, a mãe de Marco, me falou sobre sua vida e a do filho em dezenas de e-mails e telefonemas, de dia e à noite, inclusive nos fins de semana, e em uma entrevista feita em seu apartamento, em Ipanema.

O italiano Giuseppe Angione, pai de um preso de Pasir Putih, Juri, converteu-se em meu cicerone e, por vezes, meu intérprete durante as visitas à prisão. Incansáveis e obstinados, Carolina e Beppe nunca perderam a esperança de ver os filhos em liberdade.

Meu obrigado a amigos e conhecidos de Marco Archer, que, embora tenham preferido o anonimato, me contaram sobre sua convivência com ele. Com o livro já em estado avançado, outra pessoa próxima ao brasileiro também decidiu colaborar anonimamente, e a ela sou muitíssimo grato.

Aos diplomatas e oficiais de chancelaria da Embaixada do Brasil em Jacarta, pela ajuda e hospitalidade que me dispensaram durante minhas estadas no país, em agosto de 2010 e janeiro de 2015.

A Taís Minatogawa, profissional notável, pela essencial ajuda, e também aos colegas jornalistas que me apoiaram, em especial meus queridos companheiros de "Cotidiano", dando-me indicações de referências, artigos e reportagens; não os nominarei para não cometer a injustiça de um eventual esquecimento.

Por fim, agradeço o incentivo e a paciência de meus amigos e de minha família, principalmente de minha mulher, Fabiana, e de meus pais, Sonia e Gilmar.

Este livro foi composto na fonte Albertina
e impresso em fevereiro de 2015 pela Corprint,
sobre papel pólen soft 80 g/m².